The Price Shock Effects and Asymmetric Transmission
Mechanism of Food Safety Incidents for Agricultural Products

国家自然科学基金项目成果·管理科学文库

食品安全事件对农产品的价格冲击效应及非对称传递机制研究

苗珊珊 著

中国财经出版传媒集团
经济科学出版社
Economic Science Press

图书在版编目（CIP）数据

食品安全事件对农产品的价格冲击效应及非对称传递机制
研究/苗珊珊著 . —北京：经济科学出版社，2020.9
ISBN 978 – 7 – 5218 – 1701 – 0

Ⅰ.①食… Ⅱ.①苗… Ⅲ.①食品安全 – 影响 – 农产品
价格 – 价格机制 – 研究 – 中国 Ⅳ.①F323.7

中国版本图书馆 CIP 数据核字（2020）第 126318 号

责任编辑：崔新艳
责任校对：王肖楠
责任印制：李 鹏 范 艳

食品安全事件对农产品的价格冲击效应及非对称传递机制研究
苗珊珊 著
经济科学出版社出版、发行 新华书店经销
社址：北京市海淀区阜成路甲 28 号 邮编：100142
经管中心电话：010 – 88191335 发行部电话：010 – 88191522
网址：www. esp. com. cn
电子邮箱：espcxy@ 126. com
天猫网店：经济科学出版社旗舰店
网址：http：//jjkxcbs. tmall. com
北京季蜂印刷有限公司印装
710 × 1000 16 开 12.25 印张 220000 字
2020 年 9 月第 1 版 2020 年 9 月第 1 次印刷
ISBN 978 – 7 – 5218 – 1701 – 0 定价：56.00 元
（图书出现印装问题，本社负责调换。电话：010 – 88191510）
（版权所有 侵权必究 打击盗版 举报热线：010 – 88191661
QQ：2242791300 营销中心电话：010 – 88191537
电子邮箱：dbts@ esp. com. cn）

国家自然科学基金项目成果·管理科学文库

出版说明

我社自 1983 年建社以来一直重视集纳国内外优秀学术成果予以出版。诞生于改革开放发轫时期的经济科学出版社，天然地与改革开放脉搏相通，天然地具有密切关注经济、管理领域前沿成果、倾心展示学界翘楚深刻思想的基因。

改革开放 40 年来，我国不仅在经济建设领域取得了举世瞩目的成就，而且在科研领域也有了长足发展。国家社会科学基金和国家自然科学基金的资助无疑在各学科的基础研究与纵深研究方面发挥了重要作用。

为体系化地展示国家社会科学基金项目取得的成果，在 2018 年改革开放 40 周年之际，我们推出了"国家社科基金项目成果经管文库"，已经并将继续组织相关成果纳入，希望各成果相得益彰，既服务于学科成果的积累传承，又服务于研究者的研读查考。

国家自然科学基金在聚焦基础研究的同时，重视学科的交叉融通，强化知识与应用的融合，"管理科学部"的成果亦体现了相应特点。从 2019 年开始，我们推出"国家自然科学基金项目成果·管理科学文库"，一来向躬耕于管理科学及相关交叉学科的专家致敬，二来完成我们"尽可能全面展示我国管理学前沿成果"的夙愿。

本文库中的图书将陆续与读者见面，欢迎国家自然科学基金管理科学部的项目成果在此文库中呈现，亦仰赖学界前辈、专家学者大力推荐，并敬请给予我们批评、建议，帮助我们出好这套文库。

经济科学出版社经管编辑中心

2019 年 9 月

本书得到国家自然科学基金青年基金项目"产业链升级背景下食品安全事件对生鲜农产品的价格冲击效应及非对称传递机制研究"（71503071）以及扬州大学精品成果培育基金项目的资助

序 言
PREFACE

食品是人类生存与发展的根基,其安全关系千家万户的切身利益。党的十九大报告明确提出"实施食品安全战略,让人民吃得放心"。《中共中央国务院关于深化改革加强食品安全工作的意见》提出:到 2020 年,基于风险分析和供应链管理的食品安全监管体系初步建立,食品安全整体水平与全面建成小康社会目标基本相适应;到 2035 年,基本实现食品安全领域国家治理体系和治理能力现代化。政府实施的一系列政策举措对推进我国食品安全风险治理体系与治理能力现代化,解决人民日益增长的美好生活需要和食品安全供给不平衡不充分之间的矛盾具有重要意义。

然而,我国食品安全仍面临一系列的困难和挑战。突出表现在日益增长的消费需求与供给质量不高的矛盾、"大产业"与"弱监管"的矛盾等方面。随着国际贸易的蓬勃发展,以及城镇化的快速推进,食品供应链日益延伸和扩张,大大提高了食品安全风险。作为国民经济基础产业的食品工业,其在我国经济发展中占有重要地位。食品安全事件的发生对食品行业产生显著冲击,已成为影响农产品价格波动的重要外因之一。

本书首先对产业链升级的三种模式进行归纳,考察这三种模式的演化过程、特征及发展趋势,分析促使产业链升级的内在因素;借鉴农业经济学、产业经济学、宏观经济学、供应链管理理论等相关研究成果,系统分析食品安全事件冲击对产业链各环节的影响及其价格波动特征。然后,从中国食品安全事件的风险分析入手,通过构建系统风险的贝叶斯网络结构图,对食品安全事件各环节风险来源及要素构成进行了系统分析。以生猪疫情突发事件为例,探讨食品安全事件的发生、发展以及转折不同阶段的机理变化,对生猪疫情突发事件的预警、处置和收尾 3 个阶段进行应对策略分析。在此基础上,分别以生猪疫情突发事件和重大禽流感事件为例,分析食品安全事件对产业链价格的随机冲击效应,考察生鲜农产品价格的突变特征,系统分析生猪疫情突发事件冲击的 ARCH 效应、门限效应、区制转移效应；并以美国食品召回事件为例，识别美国食品召回事件风险来源和要素构成，从而为我国食品安全事件的应对提供经验借鉴。最后，提出产业链升级背景下食品安全事件的价格调控政策。借鉴西方发达国家应对突发事件的价格调控经验，提出熨平波动周期、促进产业恢复、防止危机扩散等减少突发事件对产业冲击的政策选择和优化方案建议。

目 录
CONTENTS

第一章

导　言

第一节　研究背景与意义

近年来，我国食品事件频繁发生。三聚氰胺奶粉、瘦肉精、农药残留、重金属超标等事件对我国农业发展及市场稳定造成了极大影响。生鲜农产品通过传统渠道进入居民家庭，一般要经过"农户—小商贩—区域批发市场—农贸市场零售—餐饮企业—消费者"等一条或多条冗长的供应链，每个环节平均加价为 10%，这不仅导致农产品成本大幅提高，商品损耗不断增加，而且生鲜农产品在经历多次装车、配货等物流过程后，鲜度和品质明显下降，极易诱发食品安全事件。生鲜农产品突发事件引发了产业链上游生产资料和下游食品价格的剧烈波动及产业冲击，造成了重大经济损失。

针对这一问题，一系列"中央一号文件"提出，发展现代农业必须创新农产品流通方式，探索建立生产与消费有效衔接、灵活多样的农产品产销模式，加快全国农产品市场体系转型升级，推进合作社与超市、学校、企业、社区对接。实践中，随着我国农业产业化进程的快速推进，纵向部门间的依存度和一体化程度明显提高，现代流通渠道每年约以 20% 的速度增长。2012 年 12 月，全国参加"农超对接"的农民专业合作社超过 1.5 万家，直接受益农民超过 100 万人（陈勇强，2013）。大量农户分散经营困局开始发生改观，农户开始卷入紧密的产业链条协作之中。我国生鲜农产品产业链正由传统的分散农户模式逐渐发展为批发商与农户签订合同形成"订单农业"模式、农户或合作社与超市、餐厅、学校等"农超对接"模式以及"合作社直销"的模式等（李桂芹和王丽丽，2012）。在经济转型和市场化进程中，生鲜农产品市场受到突发事件冲击的影响，其纵向市场联结方式必然对这些冲击因素做出相应调整，导致产业链不同环节价格传递路径、时滞发生改变，政府各种宏观调控手段的有效性正面临巨大挑战。

价格是市场经济运行的基本表现形式，也是最重要的调节杠杆。生鲜农产品价格不仅受生产资料价格、居民生活水平、替代品等供需因素的影响，食品安全事件的发生也会对其带来较大的冲击。生鲜农产品产业链的特殊性决定了其抵御突发事件风险的能力较弱，一旦出现突发事件，在农产品生产流通相对薄弱的环节，价格波动特征较为明显，产业链某些环节的薄弱特性被放大。产业链纵向市场整合日益紧密，加大了突发事件对生鲜农产品产业链单个环节价格波动对产业链其他环节的影响，市场宏观调控的难度大大增加。生鲜农产品突发事件的频繁发生不仅对市场供需造成冲击，引发生鲜农产品价格的剧烈波动，甚至导致相关产业的毁灭（徐娟等，2012；周锦等，2019）。

对价格机制的研究一直是学术界探究的重点，也是中央政府关注的重要政策问题。现有理论研究关注到了外部冲击对价格波动的影响，但鲜见考察产业链升级对食品安全事件价格传导影响的相关文献。生鲜农产品市场价格发挥了衡量市场资源配置有效性的指示器作用，但在产业链升级背景下，市场机制的有效性超出了传统理论的研究范畴，依据传统价格传导路径制定的农产品价格调控措施可能失效或出现偏差，致使政策效力没有得到充分发挥。产业链升级对外部冲击导致的价格波动产生了放大效应还是减弱效应？产业链升级导致突发事件价格冲击的传导路径、方式有何变化？在产业链升级背景下，生鲜农产品价格传导是否具有非对称性？政府面对产业链升级的新形势如何对价格波动进行调控？对于这些问题的研究，是解决我国因食品安全事件导致相关产业受损和完善价格宏观调控的基础性工作。

基于以上背景，本研究采用实证分析为主的研究方法，分析生鲜农产品产业链升级模式与价格波动的特征及主要影响因素，通过建立计量分析模型，定量测度食品安全事件对生鲜农产品价格的冲击效应与传导机制，深入探讨市场联结与协作模式变化对生鲜农产品产业链价格传导的影响机理，最终为完善我国生鲜农产品价格宏观调控政策提供理论和实证依据。本研究的意义主要有三个方面（1）通过食品安全事件对生鲜农产品的价格冲击效应研究，探索食品安全事件对产业链的冲击机理，可丰富价格传导机制的研究；对政府应对突发事件价格调控政策的研究，可补充应急理论的研究内容。(2) 从产业链升级的角度，探讨市场联结与协作模式变化对生鲜农产品产业链价格波动的影响机理，对新的市场联结与协作模式的价格传导路径、幅度、速率进行测度，提出政策调控的优化方案，对于促进相关行业危机化解和完善政府价格调控应急策略具有重要意义。(3) 对食品安全事件价格传导的非对称性进行测度，探讨市场结构与市场力量变化对非对称传递的影响，为完善生鲜农产品市场整合程度，提高突发事件应对效率提供理论与实证依据。

第二节　国内外研究动态

一、农产品流通渠道变革研究

国内外对农产品流通渠道变革的研究主要集中在三个方面。

一是渠道系统变革的研究。渠道系统变革主要包括渠道系统变革的演进路径和渠道变革的具体内容，主要表现在渠道结构的变化、渠道权力的变迁、渠道关系演进以及渠道治理形式的选择等方面（胡华平和李崇光，2010；Anthoty and Reziti，2011；Young and Hobbs，2002；Aithal and Vaswani，2005）。我国农产品产地交易环节的渠道权力结构是由生产者和中间商构成的二元范式，权力结构随着生产者的变化而处于不同的均衡状态（钱淼等，2014）。由于农产品流通渠道所具有的"权力不平衡性"和"结构不对称性特点"，改变原有渠道流通模式势在必行（赵晓飞和李崇光，2012；赵大伟等，2019；于海龙，2020）。有学者针对蔬菜、水果等不易保存的农产品，以生产者收益最大化为前提，通过建立 MIP（mixed integer problem）模型得出了最佳的收获、包装、配送决策（Ahumada，2011）。

二是渠道模式变革的研究。世界农产品流通渠道主要有东亚模式、西欧模式和北美模式，流通主体分别为批发市场、合作社和超市连锁店（赵晓飞和田野，2009）。农民专业合作社联合经营、产销一体化组织以及以"合作组织"和"第三方物流"为纽带的农产品流通渠道模式等都在进行积极的探索（姜松和王钊，2013；文宇，2014）。总体而言，我国农产品流通渠道变革正朝渠道战略"双重化"、渠道结构"扁平化、多元化"、渠道主体"组织化、规模化"、渠道运作"信息化"、渠道终端"连锁化、超市化"、交易方式"现代化"的方向发展。

三是渠道变革作用机理的研究。经济、政治力量与环境共同作用导致了渠道行为和渠道模式的变化（Linda and Hobbs，2002；Birhal et al.，2009）。就内部作用机制来看，交易成本的变化、渠道权力的变迁及价值链的调整对农产品渠道的变革产生影响（赵晓飞和李崇光，2012）。鲜活农产品流通模式的变迁主要受政策法律推动、消费者购买模式改变、新技术与新方式引入、终端渠道力量加强等几方面因素驱动。我国农产品流通体系深化改革的重点在于农产品流通渠道与组织体系、物流体系和信息体系的进一步完善和优化（刘刚，2014）。

二、食品安全事件的社会经济影响研究

食品安全事件的社会经济影响研究主要集中在两个方面。

一是食品安全事件对市场需求的影响。消费者对相关产品的消费量大大减少（Angulo and Gil，2007；Tonsor et al.，2009；陈倩男，2020）。猪流感疫情、手足口病、动物疾病危机等食品安全事件导致所在国肉类价格下跌，且这种影响随供应链的层次不同而有所不同（Attavanich et al.，2011）。国内研究主要集中于突发事件的社会经济损失（张莉琴等，2009；张淑霞和陆迁，2013）和对产业链不同主体的影响（王慧敏和乔娟，2011），但往往采用专家调查和估算法，缺乏有力的定量研究支持（李亮和浦华，2011）。突发事件冲击加剧了供需矛盾，对生鲜农产品价格波动起到推波助澜的作用（毛学峰和曾寅初，2008），非典和禽流感疫情导致肉鸡价格频繁波动，鸡蛋价格呈"W"形走势（张喜才，2011）；2012年春节期间南方小规模的禽流感疫情使鸡蛋供给大于需求，迫使价格下降（蔡东方和陈其强，2012）。学者分别以新疆禽流感事件、瘦肉精事件为例考察了生鲜农产品突发事件的经济影响。刘明月等（2013）的研究发现，随机成分波动对鸡蛋价格波动的贡献度随着时间推移越来越大，10个月以后稳定在31%左右。瘦肉精事件对市场价格的冲击效应持续半年多时间，在此期间猪肉价格平均下降30.3%，而替代品牛肉价格略微上涨，上涨幅度约8.2%（程培堃，2015）。

二是食品安全事件的消费者响应研究。国外已有大量涉及食品安全和食品安全事件的实证研究（Bakhtavoryan et al.，2014；Kalogeras，2008），主要集中于消费者风险感知、消费者信任以及食品安全事件发生后消费变动几个方面。食品安全事件发生导致消费者购买减少，且多数研究表明风险和信任的改变是影响消费者购买变化的重要因素（Cope et al.，2010；Shepherd and Saghaian，2008）。食品安全事件对消费者的风险认知与购买行为产生影响（Peng et al，2015；Tonsor et al.，2009），学者基于不同食品安全事件证明了感知风险和风险态度与其购买行为之间具有显著的负向关联性（Tonsor et al.，2009；Mazzocchi et al.，2008）。食品安全事件发生后，政府的补救措施以及消费者对事件了解程度的加深都会降低其风险感知水平，从而导致购买行为的恢复（Kalogeras et al.，2008）。国内学者研究发现，消费者对食品安全事件反应不仅受风险知觉的影响，而且亦受风险偏好以及两者之间交互作用的影响；风险偏好在理解和预测消费者对食品安全事件反应方面起着重要作用（周应恒等，2014）。"三聚氰胺"事件发生后，消费者对政府信任程度的提高会显著提升消费者的奶粉购买恢复水平（刘媛媛等，2014）。

三、农产品价格波动的传导机制研究

国外学者主要从期货、汇率等角度研究农产品价格传导效应（Theodoros et al.，2009；Byrne et al.，2013；Ge et al.，2010）。芝加哥商品交易所（Chicago Board of Trade，CBOT）期货价格的传递效果具有决定性作用，各国农产品期货价格的涨跌基本都依赖于CBOT价格（Booth，2001）。价格传导途径除石油价格外，气候变化、能源危机、生物燃料应用的增加以及美元的弱化、财政和货币的扩张都会对农产品价格传递产生影响（Gilbert，2010）。有学者分别对食用油、水果供应链、奶制品和肉制品的价格传递进行了研究，均证实存在非对称性（Octavio and Josef，2010；Abdulai，2002；Bakucs and Ferto，2008）。关于非对称传递决定因素的探讨是目前研究的重点，产品特性、消费者偏好、政府政策、菜单成本等均可导致价格的非对称传递（Buckle and Carlson，2000；Acharya et al.，2012）。

国内研究主要从产业链和空间两个方面对价格传导机制进行研究，农业产业链条的价格传递以"需求拉动"为主，以"供给推动"为辅（李圣军等，2010；刘芳等，2012）。对产业链传导路径的分析主要从价格传导路径是否通畅、各环节时滞估计以及传导方向几个方面展开（吴崇宇和孙飞，2015）。农产品价格一般遵循农业生产资料价格、农产品批发价格、市场零售价格的传导路径，农产品价格波动的国内传导路径中，上中游传导和中下游传导作用程度、时滞、方向均存在不对称（方晨靓和顾国达等，2012；胡华平和李崇光，2010；张喜才等，2012；周金城和陈乐一，2014；郑玲，2019）。果蔬产品存在上游价格难以传导到下游的现象，上下游产品价格传导受阻（刘芳等，2012）。这主要是市场环境、生产成本、调整成本、产品属性、政府调节和国际因素等作用的结果（郑少华等，2012；许世卫等，2012）。但也有学者认为农产品产业链上的价格传导过程较为顺畅，只是各环节间的价格传导效率存在差异（魏金义等，2013）。农产品产业链价格传

导的时滞较短（刘克非和李志翠，2013；罗锋和牛宝俊，2009）。从空间传导上看，随着经济全球化的发展，开放程度提高，国外的市场价格能够比较容易地传导到国内，引起国内价格的变动（赵玉和张玉，2014；罗锋，2011；陈宇峰等，2012；文春玲等，2014），但农产品价格波动的局部转移概率存在非对称性（方晨靓等，2010；王晶晶等，2014）。

四、农产品价格波动的政策调控研究

国外农产品价格波动调控政策主要采用价格支持和补贴政策，补贴形式主要有对生产者和消费者的直接补贴和不同类型的间接补贴。减少农产品价格波动的措施包括成立合作社、鼓励生物质能源发展等方式（Westcott，2007；Bolotova et al.，2008）。对农业补贴政策的研究，主要从补贴动机、补贴水平测定、补贴效率等方面展开。对农业补贴政策效率的研究发现，粮食补贴政策能够调动农民种粮积极性，对世界农产品价格、贸易和福利产生积极影响（Jonassona et al.，2014）。但也有研究依据一般均衡理论和局部均衡理论，发现政策支出真正使农民受益的部分很少（Nuppenau，1987）。农业补贴政策扭曲了世界农产品市场价格，造成了巨大的福利损失（Lohr，2001）。未来农业政策改革的方向是降低农业价格支持，更多地运用直接支付手段。

有关调控农产品价格波动的对策研究较为丰富。政府应从期货市场、人力资源培育、重视农业投入、改变市场结构、农超对接等方面保证农业市场的健康发展（白朋飞，2014；李国祥，2011；于冷等，2012；彭代彦等，2013）。国内学者普遍认为我国农产品价格调控政策是有效的（阎豫桂，2014；郭劲光，2010）。现有研究主要关注货币政策与目标价格补贴政策对农产品价格波动的影响（毛学峰和曾寅初，2014）。货币供应量对农产品价格波动影响的研究成为学术界争论的焦点（温涛和王小华，2014；马龙等，2010；杨军等，2011）。张义博等（2013）采用实证分析方法考察当前农产品价格调控效果，结果表明只有粮食价格调控效果较好，生猪、蔬菜和食用油价格调控效果一般。

国内外学者在农产品流通渠道、价格波动特征、传导机制等方面进行了大量富有成效的研究，其理论和方法对本研究具有重要的启发和借鉴意义，为进一步研究奠定了坚实的基础和深入分析的空间。一是大量文献围绕农产品价格波动特征与传导机制展开，这些研究加深了人们对价格波动传导机制的理解，但若忽略产业链升级这一重要背景则难以充分揭示产业链条延伸或缩短对价格冲击以及产业链传导变化的影响。二是现有对食品安全事件的研究主要集中于对消费者的反应、购买恢复行为、风险识别等方面的考察，而基于产业或市场数据考察食品安全事件的价格冲击效应，并对产业链不同环节传导机理进行分析的文献较少（程培堽，2015）。三是对价格非对称传递的经济解释，学者关注到市场力量与市场结构（产业链联结模式的变化）是导致非对称传递的重要原因（Acharya，2012）；但大都采用理论推导进行论证，缺乏逻辑性较强的实证分析。因此，本书基于生鲜农产品产业链升级的背景，对食品安全事件的价格冲击效应进行实证分析，探讨突发事件冲击的产业链传导机制，最终为政府创新宏观价格调控政策和产业恢复政策提供理论与实证支持。

第三节　研究目标与关键问题

一、研究目标

以"瘦肉精事件"为例，考察产业链升级背景下食品安全事件的价格冲击效应，阐明突发事件对不同市场联结与协作模式生鲜农产品价格波动的产业链传导机制，测度产业链价格传导的非对称性，为政府制定价格调控政策以及创新突发事件应对机制提供理论与实证依据。具体目标如下。

目标一：考察生鲜农产品产业链联结模式的特征与发展趋势，定量分析食品安全事件对生鲜农产品价格的冲击效应。

目标二：探讨突发事件对生鲜农产品产业链价格波动的传导机理，剖析市场联结与协作模式变化对生鲜农产品产业链价格体系的传导路径和传导效率的影响。

目标三：对食品安全事件冲击下产业链价格传导的非对称性进行测度，揭示市场结构与市场力量变化导致价格传导非对称性的内在机理，围绕价格稳定目标，选择合理政策组合，构建农产品价格波动调控政策体系与协调机制。

二、拟解决的关键问题

（1）阐明食品安全事件冲击下产业链联结模式变化对生鲜农产品价格

传导的影响机理是本研究试图解决的关键问题之一。农产品产业链升级导致产业链联结模式发生了重大变化。考察突发事件对产业链冲击的影响效果，最关键的问题是如何厘定产业链升级在其中发挥的作用。由于产业链联结模式的变动本质上反映了市场结构与市场力量的改变，本研究拟在 VAR 模型的基础上，通过引入市场结构与市场力量的虚拟变量，分析突发事件冲击下产业链升级对价格传递的影响程度。

（2）产业链价格传递非对称性的测度。非对称价格传递分析能够较好地评价市场联结特征，并可对其原因进行深入剖析。本研究拟构建门限误差修正模型（Threshold Error Correction Model，TECM）考察生鲜农产品产业链价格传导关系、路径及传导效率，并对其非对称程度进行量化分析，从市场力量与市场结构变化这一角度深入探讨非对称传导产生的原因。

第四节　研究思路与方法

一、研究思路

本书沿着"食品安全事件冲击——产业链传递——价格冲击效应——非对称性传导——政策调控"这一链条进行研究。基于产业链升级视角，以生猪疫情突发事件与重大禽流感疫情突发事件为例，首先解读产业链联结模式与生鲜农产品价格波动的特征及发展趋势，阐释食品安全事件对生鲜农产品的价格冲击效应；其次，测度产业链联结模式变化引致的食品安全事件价格非对称传递状况，探讨突发事件驱动下不同产业链联结模式对生鲜农产品价格波动的传导机制；最后评价现有调控政策，构架农产品价格波动调控体系，提出调控政策体系的优化方案。

二、研究方法

（一）围绕目标一的研究方法

围绕目标一，首先采取文献分析和统计分析相结合的方法归纳产业链升级的不同模式，考察食品安全事件对产业链价格波动的影响以及各环节价格波动特征；其次，采用 TARCH 类模型，考察生鲜农产品市场价格波动的周期性特征；最后，采用成分分解法将生鲜农产品价格波动分解为不同成分，剖析生鲜农产品价格波动的主要影响因素，厘定食品安全事件与生鲜农产品价格不同成分的相关系数。

1. 论证一：生鲜农产品市场价格具有显著的 ARCH 效应，其波动具有集簇性、非对称性、记忆性和持续性特征

（1）饲料价格、猪肉价格、生猪价格、仔猪价格等价格数据分别来自中国农业信息网、中国畜牧业信息网、国家发改委价格监测网、中国农产品价格调查年鉴等。

（2）分析生鲜农产品价格波动率的基本统计特征，验证其是否符合正态分布以及存在价格波动序列的自相关性，为建立 TARCH 类模型做准备。

（3）构建 TARCH 类模型，通过 ARCH 项系数 α 与 GARCH 项系数 β 证实波动集簇性特征；通过 γ 值大于或小于 0，证实波动的非对称性特征；通过 GARCH 项系数 β 大于或小于 0，证实波动的记忆性或持续性特征，并根据模型分析结果，探究我国生鲜农产品价格波动的主要影响因素。

2. 论证二：生鲜农产品价格波动特征分解

采用成分分解法研究生鲜农产品价格波动特征。分解的思路如下：（1）利用 Census X12 季节调整方法对生鲜农产品价格（以猪肉价格为例）进行季节调整，得到趋势循环成分数据、季节成分数据和随机成分数据；（2）利用 HP 滤波法对趋势循环成分数据进行分解，得到生鲜农产品价格的趋势成分数据、季节成分数据、周期成分数据和随机成分数据；（3）分析食品安全事件等影响因素与生鲜农产品价格不同成分的相关系数，厘定突发事件与生鲜农产品价格波动的相关关系。

（二）围绕目标二的研究方法

围绕目标二，引入供求价格决定理论，从食品安全事件改变供求入手，构建突发事件引致的价格波动冲击理论模型，测度供给、需求变动影响生鲜农产品价格的强度和持续时间，分析突发事件对生鲜农产品价格波动的冲击机制。

1. 论证一：产业链升级对食品安全事件价格冲击的作用机理

由于生鲜农产品基本属于完全竞争性产品，本书从市场力量与市场结构改变、交易成本变化、价值链调整等角度考察在现有社会、经济、文化环境下，突发事件对市场供给、需求产生冲击从而作用于产业链各环节所形成的价格冲击效应（见图 1-1）。

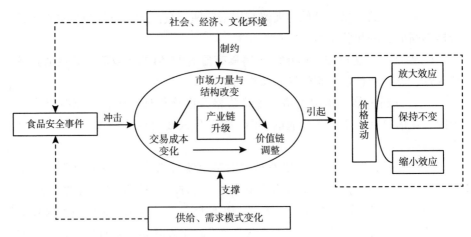

图 1 – 1　产业链升级对食品安全事件价格冲击的影响机理

资料来源：作者根据相关资料整理。

2. 论证二：产业链升级背景下食品安全事件对生鲜农产品的价格冲击效应

（1）食品安全事件不同，供给冲击和需求冲击的生成机制和传导机制并不完全相同，供求冲击在不同产业波动中的相对重要性也不完全相同。因此，本部分以瘦肉精事件为例，考察食品安全事件对我国生鲜农产品相关产业波动的冲击路径。结构式向量自回归模型（SVAR）是揭示经济波动中供需力量对比的一种有效实证分析工具。因此，本书采用 SVAR 模型分析突发事件冲击的来源，定量考察两类结构式冲击的规模及变化轨迹，以此分析突发事件对内外部环境变化的影响，揭示驱动产出和价格波动背后的供给与需求力量的对比。

（2）采用 ARIMA 模型定量评估食品安全事件对生鲜农产品价格的影响程度。首先建立食品安全事件发生前后时间序列数据向量自回归移动平均模型，通过预测值与观测值差值的定量分析评估食品安全事件对生鲜农产品的价格冲击效应。

（3）采用递归的结构向量自回归模型（Recursive Structural Vector Autoregressive，RSVAR）的脉冲响应函数分析食品安全事件对"订单农业"模式、"农超对接"模式及"合作社直销"模式三种产业链联结模式的价格冲击效应，分别比较产业链升级背景下三种模式冲击效应的异同。

（4）在上述模型的基础上，通过引入表征产业链升级的市场结构与市场力量的虚拟变量，分析市场结构与市场力量变动对于价格传递的影响程度。

3. 论证三：产业链联结模式变化对食品安全事件价格传导的影响机理及非对称性测度

（1）探讨产业链升级背景下，市场联结与协作模式的变化对生鲜农产品价格波动的影响；分析食品安全事件冲击下"订单农业"模式、"农超对接"模式及"合作社直销"模式的价格传导机制及传导效率（如图1-2所示）。

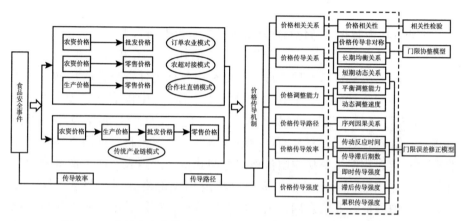

图1-2 食品安全事件冲击下产业链不同联结模式的价格传导机制

资料来源：作者根据相关资料整理。

（2）运用门限误差修正模型对生鲜农产品产业链升级三种模式不同价格间的价格传递机制进行估计，并检验价格序列是否存在门限效果，即首先对价格序列进行单位根检验和协整检验，分别判断三种模式下不同价格是否存在长期均衡关系；其次，构建门限误差修正模型，分别估计农资价格与批发价格、农资价格与零售价格以及生产价格与零售价格的门限效果及相关系数；最后，根据门限误差修正模型的估计结果，开展门限效果检验，如果价格序列存在门限效果，则门限误差修正模型对价格序列的描述有效，如果不存在门限效果，则应估计线性误差修正模型。

（3）根据误差修正模型调整系数的大小及符号判断三种产业链联结模式价格传递的非对称性，并通过与传统产业链传导效果的定量分析结果进行比较，判断产业链升级是否加大了传导的非对称性。

（三）围绕目标三的研究方法

围绕目标三，采用文献分析法和对比分析法，考察西方发达国家食品安全事件的价格调控政策及其具体调控方式，厘清农产品价格调控政策的分类体系，从政策目标、政策工具、政策主体、政策导向等方面明确调控政策条目之间的关系；选择不同的政策工具如财政政策、货币政策、收入政策和产业政策等，并考察不同政策组合的作用效力，设计市场调节机制、政府干预机制和风险预警机制等相关机制和政策体系，解决食品安全事件导致的产业冲击与价格过度波动问题。

三、数据来源

本研究所需数据资料包括宏观数据和微观数据两大类。

宏观数据来源主要有三个渠道：一是依托学校图书馆的图书、报纸、杂志以及网上文献资料整理获得；二是利用各种统计资料获取数据，主要有历年《中国统计年鉴》《中国农村统计年鉴》《中国农业年鉴》《新中国 60 年统计资料汇编》，以及各省（区、市）历年统计年鉴及相关部门各种统计资料和数据；三是通过网络数据平台获取资料，国内不同农产品收购价格指数数据主要从中国价格信息网获得，国内农产品生产资料价格数据从《中国经济景气月报》获得，猪肉相关价格数据主要从中国农业信息网、中国畜牧业信息网、国家发改委价格监测网、中国农产品价格调查年鉴获得。

本书的微观数据主要根据研究目标，选择全国生猪调出大县河南省的社旗县和民权县、江苏省的淮安市和灌云县进行调研，了解生鲜农产品产业链源头、合作社、主要猪肉加工企业（雨润集团和双汇集团）、消费者等相关环节的生产投入、价格波动等情况，并就产业链各环节的价格波动情况对相关主体进行访谈。

四、技术路线

面上数据以统计资料为主，生鲜农产品价格波动的时序数据及相关变量数据以网络数据库获得为主，形成研究所需数据库；通过文献分析、比较分析和统计分析，为食品安全事件冲击效应及传导机理研究提供理论基础，并形成有关食品安全事件与生鲜农产品价格波动相互关系的系列假设；构建计量经济模型，对食品安全事件的价格传导非对称性进行测度，并分析产业链联结模式变化对食品安全事件的冲击效应与传导机理，对形成的各种假设进行检验和验证；依据理论和实证研究结果，提出应对食品安全事件价格冲击的调控政策和协调机制。本书的技术路线如图 1 - 3 所示。

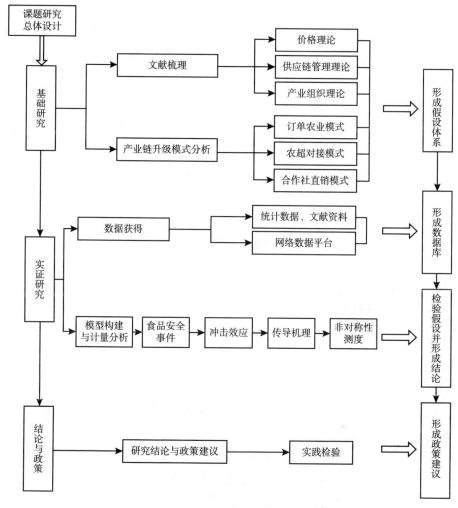

图 1-3 技术路线

五、关键技术

（1）生鲜农产品价格波动中食品安全事件冲击效应的剥离。供给、需求与外部冲击都会导致生鲜农产品价格波动，如何将食品安全事件对价格波动的冲击剥离出来是分析突发事件价格冲击效应的基础和前提。采用成分分解法研究生鲜农产品价格波动的特征，需要利用 HP 滤波分析技术对趋势循环成分数据进行分解，获得食品安全事件与生鲜农产品价格的相关系数，确保食品安全事件的冲击效应与传导机制分析的精确性。

（2）模型估计技术。采用门限误差修正模型能够较好地解决产业链价格间可能存在的非线性关系问题，但难点是门限值的确定。因此，本书采用网格搜索法构建门限值。首先，基于线性误差修正模型的协整向量 β_0，构建关于 $[c_L, c_U]$ 和 $[\beta_L, \beta_U]$ 的间隔均匀的网格。$[\beta_L, \beta_U]$ 是根据 β_0 并基于渐进正态逼近方法构建的，可看作 β 的置信区间，令线性误差修正模型的 $\hat{w}_{t-1} = w_{t-1}(\beta_0)$；$[c_L, c_U]$ 则是反映 $\hat{w}_{t-1}$ 取值的一个区间。然后，根据 β 和 c 与 A_1、A_2 之间的关系，对网格中的每对 (β, c) 计算 $\hat{A}_1(\beta, c)$、$\hat{A}_2(\beta, c)$ 及残差平方和 $\sum(\beta, c)$，最后确定网格中能够使得 $Ln \sum(\beta, c)$ 取得最小值的 $(\hat{\beta}, \hat{c})$。

第五节　创新之处

一、项目特色

（1）基于产业链升级市场联结与协作模式变化的视角，从"食品安全事件冲击——产业链传递——价格冲击效应——非对称性传导——政策调控"这一逻辑线路出发，深入剖析食品安全事件对产业链价格波动的影响机理，从而揭示食品安全事件冲击产业链各环节价格的传导规律，研究具有新颖性和一定的探索性。

（2）生鲜农产品市场化、商品化程度高，探索市场机制作用程度较高条件下生鲜农产品突发事件引致的价格传导机制，具有典型性和代表性，有助于为其他外部冲击的产业链传导机制研究提供借鉴。

二、创新之处

（1）本书基于产业链升级背景，探讨食品安全事件对生鲜农产品的价格冲击效应及传导机制，探索产业链市场联结模式变动对产业链价格波动的影响，阐明食品安全事件对产业链的冲击机理。

（2）测度食品安全事件引致的价格非对称传递状况，探讨市场联结与协作模式变化导致价格非对称传递的内在机理，探讨突发事件驱动下不同产业链联结模式对生鲜农产品价格波动的传导机制，可望在价格传导机制的研究上实现创新。

第二章

食品安全事件对生鲜农产品
产业链的影响

　　产业链升级促使生鲜农产品传统产业链（农资—生产—批发—零售）升级为批发商与农户开展的"订单农业"模式（农资价格与批发价格对接）、农户与超市等零售商对接形成的"农超对接"模式（农资价格与零售价格对接）及"合作社直销"模式（生产价格与零售价格对接）。本章首先对产业链升级的三种模式进行归纳，考察这三种模式的演化过程、特征及发展趋势，分析促使产业链升级的内在因素。其次，以生猪产业链为例，借鉴农业经济学、产业经济学、宏观经济学、供应链管理理论等相关研究成果，运用供求理论系统分析食品安全事件冲击对产业链各环节的影响。最后，分析食品安全事件冲击导致生猪价格波动的周期性特征、主要影响因素和发展趋势。

第一节　引　　言

　　生猪疫情等生鲜农产品突发事件对我国农业发展及社会稳定造成了极大影响，严重阻碍我国农村经济发展。生鲜农产品具有季节性、易腐败的特点，其价格受多种因素的影响，生鲜农产品安全事件也会对其造成巨大冲击。2018 年 8 月，中国首例非洲猪瘟（ASF）在沈阳被确诊，此后疫情在全国范围快速散发传播，我国共计扑杀生猪约 100 万头，2019 年 1 月以来，全国生猪存栏量和能繁母猪存栏量均明显下降，达到近 10 年来下浮的最高峰值。据农业农村部检测，2019 年 1 月和 2 月，全国 400 个监测县生猪存栏量同比分别减少 12.6% 和 16.6%，散养户因亏损严重退出养殖，生猪产业链转型升级使得疫情对其冲击呈现出与以往不同的特征。

第二节　产业链模式

一、"订单农业"模式

2017 年，"中央一号文件"提出"订单农业"有利于解决"小生产、大市场"的矛盾，减少农民决策的盲目性，降低产业化、规模化农业生产的成本与风险，提高农户抵御自然风险和市场风险的能力。订单农业是指农户或涉农企业事先与农产品购买者之间签订订单，以契约的方式确定的一种"先订单，后生产"的农业产销模式，订单合同包括价格、品质、交付日期等条件。农户根据订单中规定的农产品种类、规模规划农业生产活动并进一步实施（张敏，2020）。订单农业的稳定发展在保障农产品销售价格、转移农业生产风险和提高农户收益等方面都具有积极的促进作用。订单农业近年来得到了长足发展，如东北三省、中部地区的河南、湖南、安徽等粮食主产省的农户和涉农企业参与订单农业的积极性很高，在订单农业的探索和实践过程中取得了丰硕的成果（余星，2020）。

订单农业的发展经历了从"农户、公司"模式到"公司＋农户"模式的转变。从 20 世纪 80 年代初开始，我国国民经济体制逐步从计划经济转向市场经济，农业生产规模迅速扩大，转为家庭经营的农户缺少市场信息，盲目生产和自营销售，因此，我国先后发生了两次大的农产品难卖现象，出现了农民增产不增收的状况。在这一时期，农户和公司两者之间发生的产品买卖关系属于"即期模式"，农产品成熟收割后由公司统购统销，农户无法接触市场。同时，农业生产受自然、政策等因素的影响，农产品价格波动幅度较大，难免会出现市场供过于求或供不应求的现象，对农户及公司双方都有一定的影响。1993 年，出现了"农户＋公司"的远期交易模式，农户与公司签订远期合同，规定农产品交易的数量与价格，这种模式减少了农户的各种成本及市场风险，同时也为企业的产品订购数量和质量提供了保证。

订单农业合约价格目前应用最为广泛的是固定收购价格，即在合约中规定双方在未来某个时间点以固定价格交易固定数量的农产品。但是，由于合同信息无法被第三方证实，农产品销售合同为不完全合同，具有高违约率的特征，根据学者统计，违约率可达 80%（刘凤芹，2003）。由于农户与公司获取市场信息的能力不对称，公司存在欺瞒农户，压低收购价格的可能，增加了农户违约的可能性。当约定交易价格低于市场价格时，农户可能违反约定的产品交易数量，按照市场价格出售部分产品。当约定交易价格高于市场价格时，公司存在违约动机，转为从市场进行收购。

"农户＋公司"模式并没有排除市场风险，只是在农户与公司之间转移风险，加之这种远期交易模式具有高违约率的特征，随后便出现了"农户＋公司＋期货"远期、期货式组合交易模式。期货市场具有价格发现、风险分散等功能。期货市场对各种影响价格的因素反应较为灵敏，所形成的价格可为订单农业提供公平且权威的参考。市场风险可通过期货市场进行重新分配，分散或转移农户与公司承担的风险。"公司＋农户"交易模式扩充为"公司＋农户＋期货"模式应成为下一阶段订单农业的发展方向（何嗣江，2005）。

二、"农超对接"模式

农超对接模式是指农户和商家签订意向性协议书，由农户向超市、菜市场和便民店直供农产品的新型流通方式，形成产销一体化链条，将千家万户的小生产与千变万化的大市场链接起来。2008 年，商务部和农业部联手主导，决定开展"农超对接"模式试点工作（刘彦平，2018）。农超对接能够减少农产品流通的中间环节，降低运输损耗，减少农产品交易成本，最终起到降低农产品销售价格、保障食品质量安全、增强农产品市场竞争力的作用。该模式成为我国大力倡导的农业发展模式之一。

在商务部公布的第一批农超对接试点企业中，家乐福、麦德龙、沃尔玛和华润万家成为在北京试点的 4 家超市。其中，家乐福采用"超市＋农民专业合作社＋农民"模式，依据采购半径，设置全国农超对接采购部门和地区农超对接采购部门，前者主要采购水果和适于长距离运输的蔬菜，后者则重点采购城市周边的蔬菜和当地名优水果，充分保证食品产地的多样性和生鲜产品的新鲜度。沃尔玛采用"超市＋龙头企业＋农超对接基地"和"超市＋合作社＋农超对接基地"模式，通过中介与农民合作，为合作对象提供专业技术或资金，建立农超对接基地自身的食品安全体系。

在提出"农超对接"模式初期，政府虽一直大力推动，但经过几年的发展，并没有取得预期的效果，农户生产的农产品直接经超市销售的比例不足 15%（陈立条，2016），"农超对接"模式具有发展不成熟的特征。从农户的角度来说，我国多为小规模家庭经营，组织化程度低，与超市对接难度大；农民普遍文化程度较低，难以改变传统观念，接受新型销售模式，从而不利于"农超对接"模式的推广。当市场价格高于合同价格时，农户违约或以次充数的可能性较大，超市的生鲜产品质量无法得到保障。从超市的角度来说，超市销售生鲜产品需要进行挑选、整理、清洗、包装等程序，需要冷柜等设备进行保鲜，加之此类产品易腐败等因素，都会加大经营成本。

虽然分散农户与小规模超市的对接过程中存在着许多问题，但具有一定规模化、组织化的农民专业合作社或其他生产组织与大型连锁超市形成的"农超对接"是具有良好前景的。在与连锁超市的合作中，可以打造地域农产品品牌，带动当地物流运输业及其他相关产业发展，带动当地农业合作社和其他农业生产经营组织的正规化、规范化建设，提高农产品的产品品质和质量安全保障水平。

三、"合作社直销"模式

合作社直销模式主要是对当地的农户进行整合，形成专业的农民合作社，通过农民合作社实现农产品的整体销售，这种销售模式是简单的"合作社—消费者"二元形态，简化了中间物流，生产者的产品信息与消费者的需求信息直接交换，减少了中间过程的信息干扰，信息获取更为及时且准确。

据国家工商总局2017年统计，全国农民专业合作社数量有193.3万家，入社农户超过1亿户，入社农户占全国农户的46.81%。由于入社农户比普通农户增收20%以上（祝保平，2012），各省市采取多种措施，大力推进"合作社直销"模式，引导合作社产品进城市社区直供直销（杨群义等，2012）。支持合作社在城市社区设立直营店；引导合作社在农贸市场设立直销店；推进合作社在连锁超市开设直销点；鼓励合作社创新销售方式，进行线上直销。"合作社直销"为城市社区居民提供了便捷、优质、平价的农副产品，让居民买得舒心、吃得放心，同时，合作社十分重视农业标准化生产，积极开展农产品质量认证，有力地促进了产品质量建设。

直销模式能够减少中间环节、节省中间费用，获得较高的市场利润（古川，2013）。直销能够更好地进行质量安全追溯，满足消费者对蔬菜品质的需求。但是，合作社直销一般针对应季大众蔬菜，生产品种单一，且农民专业合作社一般规模较小，没有市场竞争力，难以负担直销店的运营成本，不利于长期稳步发展。因此，"鼓励农民专业合作社开展信用合作，在

自愿基础上组建联合社，提高生产经营和市场开拓能力"（杨薇等，2015）
是合作社未来的发展趋势。鼓励多家合作社建立销售合作联社，在城市社区
设立直营店，将各自的产品放在一起售卖，既保证了产品的多样性，也能够
共同承担经营成本，降低市场风险。

四、促使生鲜农产品产业链升级的内在因素

促使生鲜农产品产业链升级的因素主要包括三个方面。

一是产业发展的内在要求。以生猪产业为例，随着大型养殖企业的快速
发展，养殖环节的集中度不断提高，主体结构从散养户逐步向议价能力更高
的规模猪场转变，标准化规模养殖与机械化协调并进的畜牧业发展新格局初
步显现，现代化规模养殖体系正在快速形成。在这一过程中，全产业链整合
也在快速进行，规模养殖场与屠宰加工企业与养殖端通过订单农业、合并等
方式形成现代生猪流通体系。而随着经济快速发展和消费升级，以大型商超
为主的现代渠道正逐渐占领市场，对冷鲜肉的消费将成为未来的主要趋势。
产品标准化、集中生产、冷链配送、零售端需求推动生猪产业链向规模化、
标准化、现代化发展。

二是非洲猪瘟与新冠疫情的双重外在压力。尤其是 2018 年以来，受非洲
猪瘟疫情影响，生猪主产区的一些散养户重度亏损，不得不降低养殖规模或
退出养殖。防控非洲猪瘟需要提高生物安全水平和加强养殖管理，这将使生
猪养殖总成本上升，无法同步提升生物安全水平和养殖管理的传统散养户会
最先被淘汰。因此，在这一过程中，龙头企业将会利用自身技术和市场优势，
通过"公司＋农户"、托管租赁、入股加盟等方式带动中小养殖场户发展生猪
养殖，促进中小养殖场户与现代养殖体系有机衔接，从而加速产业链升级。

三是国家的政策因素。2016 年和 2017 年，因禁养限养政策，南方水网
地区退出生猪养殖 3600 多万头。政府鼓励和支持有条件的大型养猪企业集
团在省域内或同一个大区内布局全产业链，建设现代生猪种业，推行育、
繁、养、宰、销一体化的融合发展新格局。此外，政府鼓励生猪调出大县建
设屠宰加工企业和洗消中心，在用地、信贷等方面给予政策扶持；支持大型
养殖企业配套发展生猪屠宰加工业，在东北、华北、黄淮海、中南、西南等
生猪养殖量大的地区就近配套建设屠宰加工产业，实现生猪主产区原则上就
地就近屠宰，形成养殖与屠宰加工相匹配的产业新格局①。

---

① 未来智库. 双疫情下中国生猪产业链专题报告，https：//baijiahao. baidu. com/s？id＝16627
43923472522444.

第三节　生猪疫情突发事件对生猪产业链各环节的影响

2018 年 8 月，辽宁省沈阳市某养殖户发现首例非洲猪瘟疫情。我国生猪产业体量巨大，猪肉消费量占世界猪肉消费量的 49.6%，生猪存栏量占世界生猪存栏量的 56.6%，生猪肉类消费量与产量占比均超过 60%（郎宇，2020）。猪肉是我国居民补充蛋白质的重要来源，生猪产业在我国居民的日常生活中占有举足轻重的地位。非洲猪瘟病毒潜伏期长、生存能力强，传播风险高（张博，2018），非洲猪瘟疫情在全球蔓延，我国生猪产销区供求失衡，生猪产业面临巨大的挑战。

一、对饲料行业的影响

我国大部分生猪饲料企业为了实现生猪的快速生长，在生猪饲料中大量使用血浆蛋白、肠膜、肉骨粉等动物源性蛋白，而动物源性蛋白多来自屠宰场的生猪组织，患病的生猪组织经过加工被制作成为生猪饲料，从而增加了非洲猪瘟传播的风险。非洲猪瘟疫情发生后，我国饲料企业相继停止了动物源性蛋白饲料的生产，改为生产禽类动物源蛋白饲料或鸡蛋粉，这类饲料生产成本高，且消化率低，生猪增重缓慢，难以达到预期的目标。在这种情况下，饲料企业开始注重技术研发储备，生产高消化吸收率、高抗病率、高稳定性、高适口性的蛋白饲料，在保证投入与产出最大化的同时，降低生猪养殖成本，推动饲料行业向着创新、节约、环保方向发展。

二、对养殖业的影响

我国生猪养殖规模差异大，以家庭养殖为主的小型散养户占比大，其专业化水平较低，基础设施落后。小型散养户为了节约成本，选择泔水或餐桌剩余物代替饲料喂养，加大了猪瘟传播的风险。家庭养殖抗风险能力低，无法承担由于疫病造成的经济损失。因此，散户养殖生存空间减小，部分将退出养殖领域。大型养殖场生猪养殖数量大，拥有完善的疫病防控体系与较强的风险抵抗能力，能够获得新一轮发展的机会，在生猪养殖业站稳脚步

（常帅，2019）。非洲猪瘟疫情的发生促进了我国生猪养殖格局的重塑，促使养殖行业加快规模化进程。

《南方六省（区）非洲猪瘟等重大动物疫病区域联席会议框架合作协议》明确提出，2019 年 5 月 31 日之后，仅六省区域内的肉猪可在本区域内流通（罗旭芳，2019）。禁运背景下，种猪外调受限，母猪被迫育肥，成本的增加使得养殖户不得不低价售卖生猪或提前宰杀。生猪外销大省生猪压栏严重，供大于求，猪价持续低迷，农户销售受阻，现金回流慢，周转困难，补栏积极性降低；而生猪需求省份供不应求，生猪价格持续上升，价格波动幅度较大，产区进入激烈的洗牌阶段，将推进我国生猪养殖业产业格局重塑（招商证券，2018）。

三、对生猪市场价格的影响

我国各省间生猪调运量大、频率高、范围广，生猪长途运输已经成为疫病传播的主要方式。非洲猪瘟疫病传入我国后，为阻断传播风险，我国按省级行政区域划分实行禁运政策，导致生猪规模养殖场、小型养殖户以及加工企业销售渠道不通畅，各省份间生猪供求失衡。

如表 2-1 所示，禁止跨省调运以及生猪的滞销导致各省间生猪供求严重失衡，猪价两极分化情况严重。山东、河南、河北、湖南、湖北五个省份生猪调运量占全国生猪调运总量的 73%（郎宇，2020），禁运政策导致产区生猪压栏严重，生猪价格低迷；而浙江、四川、重庆等地则出现生猪供应紧缺的情况，生猪价格明显飙升。

表 2-1　　　　　　非洲猪瘟前后各省生猪价格对比

省份	8 月 2 日（发生非洲猪瘟前）	11 月 2 日（发生非洲猪瘟后）
	外三元生猪价格（元/公斤）	外三元生猪价格（元/公斤）
广东	14.18	16.74
山东	13.71	12.77
河南	13.57	11.92
江西	14.80	13.14
河北	13.22	12.19
江苏	14.04	13.90
湖南	13.35	12.69

续表

省份	8月2日（发生非洲猪瘟前）	11月2日（发生非洲猪瘟后）
	外三元生猪价格（元/公斤）	外三元生猪价格（元/公斤）
广西	13.67	13.68
福建	14.30	16.20
北京	13.15	14.40
湖北	13.52	14.07
辽宁	12.50	10.23
浙江	14.20	17.53
四川	13.39	16.36
安徽	13.50	12.82
山西	13.02	10.38
陕西	13.21	13.74
黑龙江	14.00	11.60
甘肃	13.16	14.00
贵州	13.33	16.60
云南	12.67	13.52
重庆	13.57	18.00
天津	13.09	12.26
新疆	13.43	13.92
吉林	12.51	10.84
上海	14.00	15.00
内蒙古	13.00	10.40
海南	12.90	16.30
西藏	15.36	15.36
青海	11.20	16.00
宁夏	13.60	13.80
平均价格	13.46	13.88
最高价格	15.36	18.00
最低价格	11.20	10.23

资料来源：根据中国产业信息网数据整理得到。

第四节 生猪价格波动分析

2012 年以来，食品安全连续 5 年蝉联"最受关注的十大焦点问题"榜首（叶金珠，2017），消费者对肉类食品安全事件的认知程度高达 87.41%（韩杨，2014）。肉类行业重大食品安全事件的曝光引起了消费恐慌，引发了同类产品甚至是产业替代消费行为，导致肉类产品价格剧烈波动。我国作为全球最大的猪肉生产国和消费国，其价格波动不仅关系到生产者效益，还关乎肉类安全与经济发展（高群，2015）。

一、生猪价格波动周期性特征

本书选取了 1995 年 1 月至 2018 年 1 月我国生猪平均零售价格数据（数据来源于中国产业信息网），研究发现：样本区间内生猪价格波动频繁，具有周期性的特征，具体变化趋势见图 2 - 1。

图 2 - 1　1995 年 1 月 ~ 2018 年 1 月生猪价格波动
资料来源：中国产业信息网。

（一）价格波动周期拉长

我国一个完整的生猪价格波动周期一般包括价格上行和价格下行两个阶段，多采用"峰对峰，谷对谷"的方法进行划分。1995 ~ 2018 年，我国生猪价格经历了 6 轮完整周期，分别为 1995 年 6 月至 1999 年 5 月、1999 年 5 月至 2003 年 5 月、2003 年 5 月至 2006 年 5 月、2006 年 5 月至 2009 年 5 月、

2009 年 5 月至 2014 年 4 月、2014 年 4 月至 2018 年 10 月。与第 4 个周期相比，后两个周期历时明显变长，猪价波动由 3~4 年一个周期变为 5 年左右一个周期。其中，最大一波上涨出现于 2006 年 5 月至 2008 年 4 月，这是蓝耳病暴发和玉米价格攀升共同作用的结果。

（二）价格波动幅度变窄

以 2006 年到 2018 年经历的三个周期来看，在这三个生猪价格波动周期中，价格上行阶段，前两个周期的生猪价格峰值比谷值分别上涨 161.3% 和 104.9%，第 3 个周期的峰值比谷值仅上涨 65.5%；价格下行阶段，前两个周期的生猪价格谷值比峰值分别下降 43.8% 和 40.7%，波动幅度呈现收窄态势，目前处于第 3 个周期下行阶段。

（三）生猪价格"旺季不旺"

猪肉价格波动具有一定的季节性。一般来说，每年 9 月至次年春节前是猪肉消费的传统旺季，立秋之后，天气逐渐转凉，加上中秋、元旦、春节等节日，居民日常消费以及腌制咸肉、加工企业加工香肠和肉制品，对猪肉的需求量较大，猪肉价格会出现一定程度上涨。但 2014 年以来，猪肉市场价格呈现"旺季不旺"的特征（虞华，2014），2014~2015 年、2018 年春节前猪肉市场价格均提前下跌，尤其是 2014 年 9 月至 2015 年 3 月、2015 年 9~11 月，正值猪肉消费的传统旺季，而猪肉价格不涨反跌。

二、生猪价格周期性波动的主要影响因素

（一）生猪养殖周期长

生猪生产的周期性特征决定了生猪价格的周期性变化（冯永辉，2017）。一个完整的生猪养殖周期需要经历后备母猪、能繁母猪、仔猪、育肥猪 4 个主要环节，从断奶仔猪到生猪出栏需要 4~6 个月，从能繁母猪怀孕到生猪出栏需要 9~11 个月，从后备母猪补栏到生猪出栏至少需要 14~15 个月（陶炜煜，2018）。当生猪价格上涨、养殖利润较高时，养殖户增加母猪及仔猪存栏，育肥猪出栏量增加，导致未来生猪价格下降。反之，当生猪价格下降，养殖利润下降时，往往会引发养殖户抛售生猪，同时减少生猪存栏数量，导致未来生猪出栏量下降，以及生猪价格上涨。养殖户的决策行为一般会影响市场未来半年至一年的猪肉供给，猪肉价格随着"高利润—存栏增加—低利润—存栏减少"的循环而呈现周期性波动。

（二）猪肉消费不旺

随着居民收入的提高，居民消费结构不断升级，与猪肉相比，更倾向于消费牛羊肉等。国家统计局数据显示，2015 年全年肉类总产量 8625 万吨，其中，猪肉产量 5487 万吨，下降 3.3%；牛肉产量 700 万吨，增长 1.6%；羊肉产量 441 万吨，增长 2.9%；禽肉产量 1826 万吨，增长 4.3%。禽蛋产量 2999 万吨，增长 3.6%。

2013～2016 年，我国人均猪肉消费量从 19.8 千克下降至 19.6 千克；人均牛肉消费量从 1.5 千克上升至 1.8 千克；人均羊肉消费量从 0.9 千克上升至 1.5 千克（见图 2－2）。总体上看，中国肉类消费整体增加，猪肉消费仍然是肉类消费的主流，但是牛肉、羊肉消费量不断增长，猪肉消费量呈缓慢下降趋势。随着市场供应能力的提升和居民消费观念的转变，消费者对农产品的新鲜度要求有所提高，提前备货、囤货现象减少，居民对肉类腌制产品的需求减少，猪肉消费的季节性、节日性特征有所弱化，消费量淡、旺季的差距呈缩小趋势。

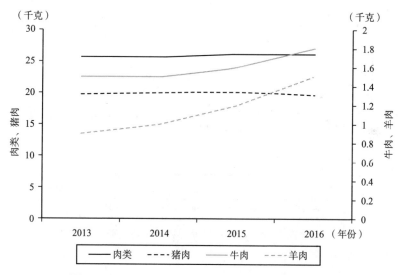

图 2－2　2013～2016 年人均肉类产品消费变化情况
（左轴：肉类、猪肉；右轴：牛肉、羊肉）

资料来源：猪 e 网。

三、猪肉价格发展趋势

生猪疫情突发事件是影响畜禽产品价格异常波动的重要外部因素。事件发生前生猪价格与鸡肉价格呈现对称性特点，二者是稳定的替代关系，而事件发生后，价格对称性发生改变。由于消费者的恐慌，生猪价格在事件发生期间迅速下降，鸡肉市场过度估计对猪肉的替代性，市场供给增加，导致鸡肉价格也逐渐下降。然而，生猪疫情突发事件对畜禽产品价格影响程度不同。由于猪肉价格异常波动受到政府宏观调控，猪肉价格的负向冲击持续时间仅为一个月，而鸡肉价格异常波动依靠自身调节功能恢复至正常水平，负向影响持续时间较长。如图 2 - 3 所示，2019 年猪肉价格普遍高于 2018 年，且 2019 年整年价格大体呈上升趋势。2019 年 8 月暴发非洲猪瘟，大量生猪被屠宰填埋，全国猪肉调运受限，市场供给区域性不均衡现象仍存在，产销区价格仍将保持两极分化状态（张剑波，2018）。从 8 月中旬到 2020 年 2 月猪肉价格一路飙升，从往年最高价 28 元涨至 37 元不等，上涨率达 32%。由于政府进行价格调控，向市场供给往年库存冷冻猪肉，从 2020 年 2 月开始猪肉价格有所下降，但是否会降到猪瘟暴发前的水平仍是一个无法预测的问题。

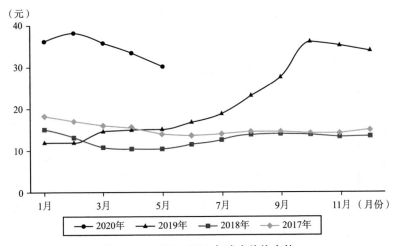

图 2 - 3　2017 ~ 2020 年猪肉价格走势

资料来源：中国产业信息网。

第三章

基于贝叶斯网络的中国食品安全
事件风险因素分析

对我国历年来发生的食品安全事件进行风险识别与风险测度，有利于预防和减少食品安全事件的发生，为提高我国食品安全水平提供决策支持。本书从食品产业链视角出发，通过整理 2005～2017 年媒体报道的 3448 起食品安全事件，采用贝叶斯网络方法，通过构建系统风险的贝叶斯网络结构图，对食品安全事件各环节风险来源及要素构成进行了系统分析。研究结果表明：食品安全事件风险分布于生产、加工、流通和消费各个环节。从生产环节来看，农药兽药残留是主要的风险因素，其次是自然环境污染；从加工环节来看，使用不安全辅料是最为关键的风险因素，不合格原料以及加工环境不卫生也会带来较大风险；流通环节相对风险较低；从消费环节来看，废弃物品处置不当是主要的风险因素，餐饮场所不达标对食品安全事件的发生也会带来较大隐患。因此，应通过实施"从农田到餐桌"的全过程风险控制、加强对食品产业链关键环节的监管等策略，降低食品安全事件发生的风险。

第一节　引　　言

为了有效遏制重大食品安全事件的发生，国家陆续出台了《关于加快推进重要产品追溯体系建设的意见》等一系列法律法规，将食品安全上升到国家战略层面，反映出对基本民生问题的重视。然而，随着生产技术的飞速进步与经济的持续发展，各种结构性与体制性矛盾不断激化，我国进入食品安全事件的高发阶段，对消费者身体健康与社会稳定造成严重威胁。因此，防范和控制食品生产、加工、包装、储存、流通及消费等各环节的不确定性，对历年来发生的食品安全事件进行风险辨识与风险分析，从而预防和减少食品安全事件的发生，成为保障我国食品安全的重要举措。

基于此，本书将"食品安全事件风险因素"作为研究对象，从产业链条上生产、加工、流通和消费四个环节，对食品安全事件进行风险因素的判别和分类，同时结合贝叶斯定理，引入贝叶斯网络方法对食品安全风险因素进行定量分析，为降低食品安全事件发生概率、为政府有针对性地开展食品安全监管提供理论和经验借鉴。

第二节　文献综述

学者对食品安全事件的研究主要集中在食品安全事件分类与评估、事件风险分析以及食品安全事件的影响等方面，主要包括对食品安全事件总体性分析、某类食品安全事件风险研究、食品安全事件对产业与消费者的影响等。

一、食品安全事件风险分析

学者分析了韩国 1998～2016 年媒体报道的食品安全事件，发现化学风险、生物风险与物理风险是导致事故发生的主要风险因素，食品安全风险主要发生在生产阶段（Park et al. , 2017）。也有学者分析了美国和欧洲的食品欺诈案例，发现海鲜、肉类、蔬菜水果是主要风险因素（Marvin et al. , 2016；Hans et al. , 2017）。张红霞等（2013）采用风险矩阵法系统分析 2005～2012 年我国发生的 3300 起食品安全事件，研究结果表明，生产与加工环节是导致食品安全事件的主要环节，而使用不安全辅料是导致食品安全事件的关键风险因素。从超市食品安全事件来看，超市食品安全风险主要来源于上游的食品生产企业。化学性污染食品、物理性污染食品、假冒劣质食品和过期食品是我国超市食品安全的关键监管问题（莫鸣等，2014）。杨雪美等（2017）分析了 2005～2014 年我国食品安全风险。总体上看，食品安全风险呈缓慢下降趋势，但是从食品供应的三个具体环节来看风险一直呈现波动趋势，而农产品生产和食品生产消费环节食品安全风险呈现增长态势。构建以大数据和云计算技术为核心的框架，研究大数据视角下的食品安全风险，是未来发展趋势（韩丹和慕静，2016；陈秀娟，2017；张晓瑜等，2019；卢大安，2019）。

二、食品安全事件分类与应对

李清光等（2016）系统分析了我国食品安全事件中食品种类、供应链环节、事件本质原因的划分和分类评估结果，从食品安全事件所涉及的技术标准、法律法规和舆论引导方面分析事件所反映的食品安全风险。中国食品安全事件的类型主要包括肉类食品、水果蔬菜、谷物及糕点类食品，主要发生在生产及加工阶段（Liu et al.，2015）。厉曙光等（2014）分析了我国2004年至2012年经媒体曝光的食品安全事件的发生特点及趋势，发现畜禽肉、鱼虾及蛋类和零食类所占比例最高，食品生产加工环节问题所占比例近三分之二。所有食品安全事件中，近三分之一为违反食品添加剂管理规定，致病性微生物、农药（兽药）残留、重金属超标所占比例约为四分之一。吕世翔等（2012）将国内典型的食品安全事件分为米面油类、蔬菜水果类、肉蛋乳类和水产海鲜类。杨一涵（2016）从食品安全事件的调查、处理、完善监管机制、做好决策工作以及加强食品安全意识几个方面探讨了食品安全事件的应急管理机制。美国FDA应对食品安全事件的流程包括识别、警示、追溯、污染路径识别、优化监管措施等（王二朋，2016）。

三、食品安全事件的影响研究

学者对食品安全事件的影响分析分别从对产业和对消费者的影响两个角度展开。"三聚氰胺"事件导致乳制品产业偏离均衡，需要2个月的时间调整，而产业结构性变化导致危机后两年左右产业发展仍未恢复至危机前水平（靳明等，2015a）。美国疯牛病发生一周后，牛肉产业市值大幅下滑，危及农业机械设备上市公司，导致其累计平均异常报酬率下降2.4%（Jin and Kim，2008）。学者分析了食品安全事件对消费者态度与风险认知的影响。研究发现，事件发生后短期内，消费者购买意向会有较大幅下降，下降程度主要取决于消费者负面情绪与个体态度（李玉峰等，2015；陈忆娴，2019）。频发的食品安全事件不但造成消费者产生品牌转换意愿，而且会在品牌转换意愿的基础上产生溢出效应，进一步使消费者产生品类替代意愿（靳明等，2015b）。草莓农药残留超标事件是价格机制与契约的私人自我实施机制发挥作用的表现，通过消费者敏感产生对草莓消费的持续全面退出（戎素云和郭广辉，2017）。学者发现加拿大疯牛病导致消费者风险感知和风险态度的变化，消费者倾向于采用其他肉类替代牛肉（Yang et al.，2011）。我国学者也以瘦肉精事件为例印证了风险知觉与风险偏好的交互项对食品安全事件后消费者的购买行为的影响（程培堽等，2015）。

从以上分析可以看出，国内外学者对食品安全事件从不同视角进行了研究，其研究对本书具有重要的借鉴意义。一是以往的研究主要着重于对食品安全事件按照食物种类分类评估，从产业链视角分析生产、加工、流通和消费环节风险因素的文献较为少见。二是以往对风险的研究容易受指标量化困难以及专家评分主观化等因素的影响，如何客观分析不同环节的食品安全事件风险因素成为研究的难点。因此，本书利用主流媒体曝光的3448起食品安全事件数据，在对我国食品安全风险因素识别的基础上分析事件的高发环节与关键风险，然后采用贝叶斯网络模型，深入剖析食品产业链安全风险的不同因素及其发生概率，探究我国食品安全事件的风险排序和关键路径控制，从而为降低我国食品安全事件发生概率、提升食品安全管理水平提供理论与实证依据。

第三节　我国食品安全风险因素识别和数据来源

一、我国食品安全风险维度构建与风险因素识别

本书基于供应链风险种类划分方法，借鉴张红霞等构建的食品安全风险分析框架，按照风险源属于供应链内部还是外部将食品安全事件风险划分为内部风险和外部风险。食品安全风险（Z）是第一层次指标，综合反映食品安全事件的总体风险。第二层次指标分别为外部风险（Y_2）和内部风险（Y_1），综合反映风险的性质与成因。第三层次指标由第二层次指标展开，分别包括生产环节（X_1）、加工环节（X_2）、流通环节（X_3）和消费环节（X_4），反映食品安全在产业链各环节上的风险。第四层次指标共10个反映每一环节的风险因素。生产环节主要涉及自然环境污染（V_1）和农药兽药残留（V_2），加工环节主要涉及使用不合格原料（V_3）、不安全辅料（V_4）、加工环境不卫生（V_5）、加工程序不当（V_6）以及包装不合格（V_7），流通环节主要是仓储运输条件不合格（V_8），消费环节主要是餐饮场所不达标（V_9）、误食天然有毒食品（V_{10}）、食品食用程序不当（V_{11}）以及废弃物品处置不当（V_{12}）。

　　根据收集到的事件，逐一对食品安全事件进行判别和分类，统计结果表明生产环节自然环境污染（1.1%）、农药兽药残留（5.6%），加工环节使用不合格原料（16.2%）、不安全辅料（44.8%）、加工环境不卫生（9.5%）、加工程序不当（4%）和包装不合格（6.8%）以及流通环节仓储运输条件不合格（2.2%）、消费环节餐饮场所不达标（5%）、误食天然有毒产品（0.6%）、食品食用程序不当（0.9%）和废弃物品处置不当（3.3%）是导致食品安全事件的主要风险因素。"所占比例"是每项风险因素占全部事件的比例，其中，有些食品安全事件是由两种或两种以上的风险因素共同导致的，为保障贝叶斯计算结果的一致性，本书只选取导致食品安全事件发生的主要因素。本书将各因素所占比例表示成如图 3-1 所示的条形图，从而更加直观地反映食品安全事件中的主要风险因素。

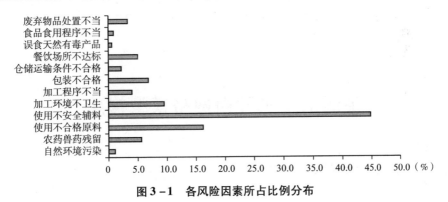

图 3-1　各风险因素所占比例分布

资料来源：作者通过整理 2005~2017 年媒体报道的 3448 起食品安全事件绘制。

二、数据来源

　　正确的数据来源是进行科学研究的前提和基础。本书以 2005~2017 年政府行业网站、食品行业专业网站、新闻媒体等报道的 3448 件食品安全事件作为主要研究对象，分析食品安全事件风险来源。剔除和筛选掉重复交叉等不符合要求的事件后，共得到 3000 起有效事件。对事件类型、规模、地区等均采用随机选择方法，能够较为客观地反映我国当前食品安全事件总体概况。

　　针对所选取的事件，本书按照从"农田到餐桌"产业链条上的四个环节对食品安全事件进行分析，分别为：生产环节、加工环节、流通环节和消费环节。然后根据以上四个环节对样本事件进行判别和分类，得到如图 3-2 所示的事件样本风险频数分布统计图。

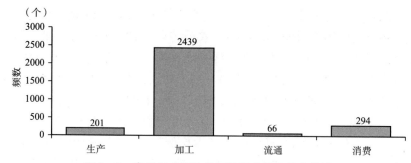

图3-2　食品安全事件各环节发生频数分布统计

资料来源：作者通过整理2005~2017年媒体报道的3448起食品安全事件绘制。

由图3-2可知，加工环节是导致食品安全事件的主要环节。我国食品加工企业"小、散、低"为主的格局并没有发生根本性改观，且食品加工环节程序冗长，工艺复杂，企业数量众多。食品加工环节是食品安全监管的重点环节。

第四节　贝叶斯网络模型构建

一、贝叶斯规则

贝叶斯规则即贝叶斯定理，主要用于描述先验概率与后验概率之间的关系。先验概率和后验概率是相对于某组证据而言，设 A = a 为某一假设，B = b 为一组证据，在考虑证据 B = b 之前，对事件 A = a 进行概率估计，即 P(A = a)，称为先验概率，而在考虑证据之后，对 A = a 的概率估值 P(A = a|B = b) 称为后验概率。贝叶斯规则清晰地描述了先验概率与后验概率之间的关系：

$$p(A = a|B = b) = \frac{p(A = a)P(B = b|A = a)}{P(B = b)} \qquad (3-1)$$

假定 A_1，A_2，…，A_N 是某一过程的若干可能前提，则 P(A_i) 是食品安全事件发生的先验概率，主要反映不同前提条件发生的可能性大小以及是否发生。在所有的可能性中，B 为最终出现的结果。根据贝叶斯公式，如果这个过程得到了一个结果 B，P(A_i|B) 即是对以 B 为前提条件下 A_i 出现概率的可能性，称 P(A_i|B) 为后验概率，这一方法即被认为是根据 B 的出现而对前提条件进行重新判断的结果。

二、贝叶斯网络结构

贝叶斯网络结构又称为神经网络结构，是对贝叶斯规则的一种扩展。它是一个有向无环图，每一个节点代表一个随机变量，两个节点之间的连线代表两个变量之间直接的依赖关系，并且每个节点都具有一个概率分布，同时代表了定性和定量的意义（结构和参数）。利用贝叶斯网络，可以进行结构学习和参数学习，从而获得食品安全事件的先验无条件概率，即贝叶斯网络的逆向推理。

第五节　食品安全事件风险因素实证分析

本书借鉴李苏珊等（Lee et al.，2008）的研究模型，首先对食品安全事件相关的所有风险因素进行定义、分类，并统计其所占比例，根据收集到的数据及先验知识进行贝叶斯网络构造；然后，针对贝叶斯网络进行敏感性分析和逆向推理，确定食品安全事件的关键风险因素。根据图 3－1 中的风险因素，借助贝叶斯网络分析软件 GeNieVer 2.0 构建食品安全事件风险因素的贝叶斯网络，如图 3－3 所示。

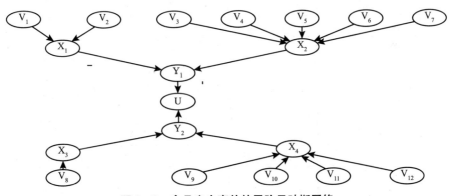

图 3－3　食品安全事件的风险贝叶斯网络

资料来源：GeNieVer 2.0 统计输出。

本书采用 GeNieVer 2.0 软件进行贝叶斯分析。采用"a"表示发生不安全事件的概率，即发生该项风险；采用"b"表示安全，即不发生该项风险。根据我国食品安全风险因素和图 3－3，得到安全风险识别贝叶斯网络节点及其取值，如表 3－1 所示。

表 3-1   我国食品安全风险识别贝叶斯网络节点

节点编号	节点含义	节点取值	节点编号	节点含义	节点取值
V_1	自然环境污染	存在风险 = a	V_{11}	食品食用程序不当	存在风险 = a
		不存在风险 = b			不存在风险 = b
V_2	农药兽药残留	存在风险 = a	V_{12}	废弃物品处置不当	存在风险 = a
		不存在风险 = b			不存在风险 = b
V_3	使用不合格原料	存在风险 = a	X_1	生产环节风险	存在风险 = a
		不存在风险 = b			不存在风险 = b
V_4	使用不安全辅料	存在风险 = a	X_2	加工环节风险	存在风险 = a
		不存在风险 = b			不存在风险 = b
V_5	加工环境不卫生	存在风险 = a	X_3	流通环节风险	存在风险 = a
		不存在风险 = b			不存在风险 = b
V_6	加工程序不当	存在风险 = a	X_4	消费环节风险	存在风险 = a
		不存在风险 = b			不存在风险 = b
V_7	包装不合格	存在风险 = a	Y_1	内部风险	存在风险 = a
		不存在风险 = b			不存在风险 = b
V_8	仓储运输条件不合格	存在风险 = a	Y_2	外部风险	存在风险 = a
		不存在风险 = b			不存在风险 = b
V_9	餐饮场所不达标	存在风险 = a	Z	食品安全风险	存在风险 = a
		不存在风险 = b			不存在风险 = b
V_{10}	误食天然有毒食品	存在风险 = a			
		不存在风险 = b			

资料来源：GeNieVer 2.0 统计输出。

通过对先验知识的搜集，可以获得食品安全事件风险因素的估计值。V_1，V_2，…，V_{12}、X_3 表示总计 13 个根节点风险因素，根据经验，风险因素的先验概率，即贝叶斯网络中的先验概率（见表 3－2）。

表 3－2　　　　　　　　各个网络根节点的边缘概率分布

概率分布	$P(V_1)$	$P(V_2)$	$P(V_3)$	$P(V_4)$	$P(V_5)$	$P(V_6)$	$P(V_7)$
State1 = a	0.011	0.056	0.162	0.448	0.095	0.04	0.068
State2 = b	0.989	0.944	0.838	0.552	0.905	0.96	0.932
概率分布	$P(V_8)$	$P(V_9)$	$P(V_{10})$	$P(V_{11})$	$P(V_{12})$	$P(X_3)$	—
State1 = a	0.022	0.05	0.006	0.009	0.033	0.022	—
State2 = b	0.978	0.95	0.994	0.991	0.967	0.978	—

资料来源：GeNieVer 2.0 统计输出。

为更深层次分析各风险因素与食品安全事件的关系，本书借助网络图进行贝叶斯网络的参数学习。贝叶斯网络学习主要包括结构学习和参数学习。参数学习是在确定贝叶斯网络拓扑结构的前提下，获得不同节点处的条件概率密度。参数学习需要利用样本数据获得学习网络参数的概率分布，从而对网络变量的先验分布进行调整。利用构建的贝叶斯网络结构图，对节点取值进行匹配。表 3－3 表示贝叶斯网络中子节点 X_1 和 Y_K、Y_K 和 U 的条件概率分布。Y_1 条件概率表示在对应父节点 X_1 和 X_2 分别各自取值为 a 和 b 时，所对应的条件概率。如表 3－2 所示，在 X_1 和 X_2 的概率值分别为 a 和 a 时，三者所对应的风险概率为 0.05，不存在安全风险的概率为 0.95。

表 3－3　　　　　　贝叶斯网络中 Y_k 和 U 节点条件概率分布

节点编号	State		$P(Y_1 = a \mid X_1, X_2)$	$P(Y_1 = b \mid X_1, X_2)$
	X_1	X_2		
Y_1	a	a	0.050	0.950
	a	b	0.070	0.930
	b	a	0.820	0.180
	b	b	0.820	0.180
节点编号	State		$P(Y_2 = a \mid X_3, X_4)$	$P(Y_2 = b \mid X_3, X_4)$
	X_3	X_4		
Y_2	a	a	0.002	0.998
	a	b	0.020	0.980

续表

节点编号	State		$P(Y_2 = a \mid X_3, X_4)$	$P(Y_2 = b \mid X_3, X_4)$
	X_3	X_4		
Y_2	b	a	0.100	0.900
	b	b	0.120	0.880

节点编号	State		$P(U = a \mid Y_1, Y_2)$	$P(U = b \mid Y_1, Y_2)$
	Y_1	Y_2		
U	a	a	0.100	0.900
	a	b	0.880	0.120
	b	a	0.120	0.880
	b	b	0.900	0.100

资料来源：GeNieVer 2.0 统计输出。

将所有先验概率和对应条件概率输入后，借助 GeNieVer 2.0 软件，改变所有因子原始的先验状态，继而得出所有节点的更新状态，即食品安全风险因素后验概率取值。表 3 - 4 为风险因素后验概率表。风险因素后验概率表示当食品安全事件发生时，各个风险因素处于出险状态的概率值，即各个因素发生的概率。

表 3 - 4　　　　　　　　食品安全事件风险因素后验概率

概率分布	$P(X_1)$	$P(X_2)$	$P(X_3)$	$P(X_4)$	$P(Y_1)$	$P(Y_2)$	$P(U)$
$State_1 = a$	0.059	0.397	0.022	0.094	0.548	0.116	0.281
$State_2 = b$	0.941	0.603	0.978	0.906	0.452	0.884	0.719

资料来源：GeNieVer 2.0 统计输出。

我国食品安全事件风险以内部风险为主。从生产环节风险来看，食品安全事件风险概率为 0.059，其中，农药兽药残留排在第一位，概率为 0.056（见表 3 - 2）。加工环节有 0.397 的概率会引起食品安全事件的发生，是最有可能引起食品安全风险的因素。其中，使用不安全辅料出险概率最高，为 0.448；使用不合格原料出险概率为 0.162；加工环境不卫生的出险概率为 0.095，出险概率相对较低（见表 3 - 2）。这说明过量使用添加剂、防腐剂，或者使用有毒、有害物质是导致食品安全事件发生的主要原因。这主要是由于产业链各环节主体利益摩擦、独立经营决策以及委托 - 代理关系造成的信息不对称，导致产业链局部与整体利益的非均衡性。利润薄弱环节的产业链主体为降低成本不惜以违法手段获取超额利润，从而导致食品安全事件的发生。此外，使用不安全辅料和不合格原料均是人为主观因素导致，是生产加工企业快速扩张、管理不善与政府监管漏洞两者共同作用的结果。一方面，我国企业"守法成本高，违法成本低"的现象仍然存在，不法生产经营者不惜利用制度漏洞获取高额利润。另一方面，政府食品安全监管体系改革后各部门内部协调存在困难，监管盲区与监管漏洞并存的局面使得食物成分和含量标准不符合要求的产品流入市场，从而导致食品安全事件的发生。

消费环节的主要风险因素是废弃物品处置不当和餐饮场所不达标，引发食品安全事件发生的概率分别为 0.05 和 0.033（见表 3-2）。流通环节上，仓储运输条件不合格引发食品安全事件的概率是 0.022（见表 3-2），食品安全事件发生的概率较小。通过对产业链外部风险的分析可以发现，外界环境的不确定性、供应链的网络结构以及系统大小均会对食品安全事件的发生产生影响。而风险来源的复杂性随着产业链构成特征、风险传递路径、传递介质的变化而传导至产业链各环节，并产生放大效应。产业链风险传递的双向性增加了食品安全事件向不同方向演化的可能，而在风险传递的过程中风险因素之间具有交互效应，从而有可能引发新的风险。因此，食品企业违规和外部风险的传递导致食品安全风险溢出，食品企业的私人成本转化为社会成本，食品安全风险的系统性、区域性以及行业性特点在全球化、信息化以及贸易国际化背景下具有互相转化的特征，从而在产业链的薄弱环节引发风险破坏性的放大效应。

从以上分析可以看出，在产业链的任一环节，均存在食品安全风险因素，但不同环节风险大小不同，出险概率各异（见图 3-4）。加工环节是导

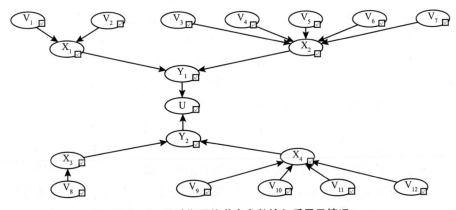

图 3-4　贝叶斯网络节点参数输入后显示情况

资料来源：GeNieVer 2.0 统计输出。

致食品安全事件发生的脆弱性环节，应将加工环节作为食品安全监管的关键控制点，加大监控力度，提高食品安全事件的防范能力。

第六节　讨　　论

食品安全风险具有全程性与不均衡性特征，食品生产、加工、流通和消费各环节均存在程度不等的风险因素。食品安全事件的发生是系统性风险超过其合理边界的结果。食品安全系统性风险之所以超越其合理边界实质上是产业链各环节利益产生与分配机制不均衡、利益冲突与协调机制不健全、利益代表与表达机制不完整在食品安全领域中相互交织的体现。通过学者研究发现，并不是所有的食品安全事件都由食品欺诈与追求利润导致，随着食品加工行业技术越来越复杂，新的有害化学成分检出难度加大，加之人为疏忽等多种因素的耦合，使得主要将食品安全风险因素局限于化学因素与生物因素的研究不能全面反映当前食品安全问题现状（Yang and Yang，2013；liu et al.，2015）。

从各环节暴露的风险因素来看，中国食品安全事件主要归结于人为因素。一是食品产业链条环节多、过程长，规模化、集约化、标准化程度低，风险隐患多，监管难度大，链条环节多，一些新生产设备、新生产工艺、新原料和辅料、新包装材料等没有经过充分的安全性论证就投入使用；一些企业缺乏规范化、标准化、现代化的管理方法，导致风险失控。二是信息不对称在食品行业广泛存在，消费者对食品的原料处理、生产程序、化学物添加等企业"私人信息"以及该食品是否会对人体产生危害不知情，食品生产企业因利益驱动而在质量与数量上违反相关规定，发生食品安全事件。三是产业链传递效应的存在。由于食品品种创新、产业链延长及食品体系国际化、多元化的发展，食品安全风险通过空间地理、信息化网络、动植物载体等传导，上游供应商供给的食品如果存在质量问题，很有可能传递给下游企业，或由于消费环节废弃物品处置不当等原因，反向传导给消费者。

此外，食品安全事件的人源性因素与我国所处的发展阶段有一定关系。分散化、小规模的食品生产经营方式与风险治理要求的全产业链、规模化生产发展存在突出矛盾，加之监管体制缺失导致的政府失灵与信息不对称导致的市场失灵相互作用，使得生产者违法成本小于违法收益，生产经营主体的不当行为成为食品安全事件的主要诱发因素。值得注意的是，农药兽药残留上升为风险较大因素，而发达国家食品安全事件主要由生物性因素引起，多为物理因素，这一方面反映出我国食品安全事件在一定程度上已具备发达国家的某些特征，显示出新兴发展中国家在食品安全治理方面的复杂性与急迫性（Dekker，2011；Peng et al.，2017）。

因此，如何实施科学有效的政策措施成为控制风险的重要举措，需要企业质量监督部门与政府食品安全监管部门针对性地重点防范重大风险因素。监管部门面临监管资源匮乏、监管专业性急需提高以及单一监管问责重大的问题，使得地方政府形成规制俘获与最低质量标准的偏差（龚强等，2015；谢康等，2017）。此外，政府、消费者与企业在多方互动过程中由于存在严重的信息不对称以及信号传递扭曲，产生监管力度提高反而导致违规现象增加的"监管困局"。因此，食品安全风险管控的核心是设计保障产业链共同体有机衔接的利益机制，实施政府治理与企业自治相结合的策略，从而实现食品产业链各主体利益帕累托最优。

第七节　结论与启示

本书筛选了 2005～2017 年媒体报道的 3448 起食品安全事件，采用贝叶斯网络模型对我国食品供应链生产、加工、流通和消费环节存在的风险因素进行识别和评估。结果表明：食品安全事件风险分布于产业链各个环节，生产环节农药兽药残留、加工环节使用不安全辅料和不合格原料以及消费环节废弃物品处置不当、餐饮场所不达标是导致食品安全事件的主要因素；流通环节是导致食品安全事件的主要环节；食品安全风险的关键控制点是原料与辅料的监管；中国食品安全治理的重点是消除因信息不对称导致的行业性主观违法行为，通过制度设计与执行降低规制俘获与社会系统失灵问题（周晓唯等，2011）。

针对我国食品安全事件风险因素特征，首先应加强原辅料的监管，提升企业管理水平，防止因生产条件与人为疏忽等导致产业链食品安全问题。其次，应加强与上下游产业链的合作，搭建餐饮企业食品和原材料的采购追溯体系，实现各环节实时、动态监测，确保"从农田到餐桌"的全过程管控，从源头保证食品安全。最后，采用系统性风险分析方法，对关键环节和关键风险进行管控，通过实施食品安全风险共治，形成政府监管、消费者维权、行业自律、社会监督相结合的合作治理机制，确保将食品风险保持在可控范围内。

第四章

食品安全事件的机理及应对策略分析

——以生猪疫情突发事件为例

自 2011 年以来，我国生猪疫情突发事件频发，带来了较为严重的社会影响。合理的生猪疫情突发事件应对策略有助于降低风险、减少损失。通过相关的应急管理理论，对生猪疫情的全周期机理进行分析，发现生猪疫情发生初期存在人为过失等可避免风险因子，其影响范围的不断扩大主要通过空间的扩大和烈度的增强两个方向；同时，发现生猪疫情突发事件将会导致猪肉价格异动事件和舆情事件的发生。在机理分析的基础上，对生猪疫情突发事件的预警、处置和收尾 3 个阶段进行应对策略分析，结果表明：提高预警灵敏度、优化生猪疫情的处置及协调机制、建立起完善的猪肉价格稳控和供给保障机制、做好舆情信息的发布与疏导等策略，有助于全面提升防疫效果。

第一节　引　　言

自 20 世纪 90 年代以来，生猪养殖产业一直是农村经济发展的支柱产业之一，在我国畜牧养殖业中占有十分重要的地位。但近年来，"猪流感""高致病性猪蓝耳病"等生猪疫情突发事件给生猪养殖产业带来了严重影响，制约了生猪产业的平稳健康发展。因此，如何预防、控制、降低和消除生猪疫情，探寻生猪疫情发生、发展及转化的关键因素，发现生猪疫情防疫过程的薄弱环节，是当前社会面临的一项重要问题。

第二节　生猪疫情突发事件的机理分析

内在机理是指事物发生或者发展所遵循的内在规律和逻辑，就生猪疫情突发事件而言，厘清其发展规律是针对性开展突发事件应对工作的基础。在生猪疫情突发事件中，其管理主体为中央及各级人民政府兽医部门及养殖经营户，其管理客体为生猪疫情。

一、生猪疫情突发事件的发生机理

突发事件的发生机理是指突发事件的诱发因素从小量积累到大量最终产生质变，从而引发突发事件的过程分析。就生猪疫情突发事件而言，疫情发生初期会经历一个短暂的潜伏期，仅在小范围、小规模内发展，若此时不能及时介入，疫情会加快发展，以较大规模、较快速度产生影响，而后疫情将稳定在一个较高水平，最后开始衰退、终结（见图4-1）。疫情突发事件的发生是潜伏期未能及时介入的产物。在潜伏期内，引发疫情突发事件的各种风险因子作用于受灾体，当影响不断累积至一定程度后，疫情突发事件发生。

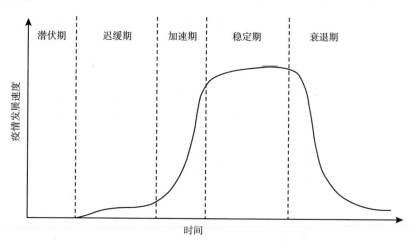

图4-1　生猪疫情突发事件的全生命周期

资料来源：苗珊珊，肖岚. 生猪疫病突发事件的机理及应对策略分析［J］. 河南理工大学学报（社会科学版），2018（2）：42-46.

疫情的风险因子可以分为不可避免风险因子和可避免风险因子这两大类。

（1）不可避免风险因子。这类风险因子很难通过人类行为对其进行控制和阻止。对于生猪疫情突发事件而言，不可避免风险因子主要是指病原体的变异。低致病性病原体通过重组等方式变异为高致病性病原体或者具有跨种属传播属性的病原体，H1N1等高致病性人畜共患病病原体就是通过这种渠道变异产生。

（2）可避免风险因子。首先是出于止损考虑带来的风险。当前基层疫情监控主要依赖经营者主动上报，但扑杀动物后的补贴往往不足以弥补经营者的损失，生猪养殖、屠宰等经营者在发现疫情初期瞒报疫情现象时有发生，导致疫情的监测预警在此环节失灵。同时，出于止损考虑，部分经营者可能会将染病生猪或病死猪低价出售，此举更进一步增加了人畜共患病风险。其次是养殖水平较低带来的风险。由于近年来非典型性疫情不断增多，在疫情初期养殖户难以对该类疫情进行有效识别，导致贻误最佳处置时期。

二、生猪疫情突发事件的发展机理

生猪疫情突发事件的发展通常分为3个阶段，疫情传播速度较慢的迟缓期、疫情快速传播的加速期和疫情稳定在一定发病水平的稳定期（见图4-2）。

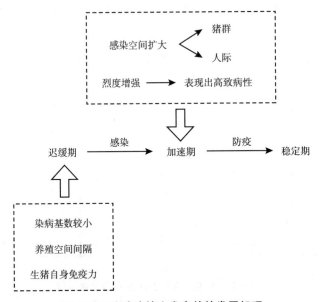

图4-2 生猪疫情突发事件的发展机理

资料来源：苗珊珊，肖岚. 生猪疫病突发事件的机理及应对策略分析［J］. 河南理工大学学报（社会科学版），2018（2）：42-46.

疫情的迟缓期多为疫情的最初期，此时疫情发展速度较为缓慢。这往往是因为以下几个原因：一是由于发病初期染病生猪数目较小，基数较小导致疫情传播速度较慢；二是对于养殖散户，其养殖空间之间存在一定距离，疫情发生初期感染能力较弱，不能立即在大范围内产生影响，因而表现为疫情发展的"延迟"；三是由于生猪本身具有一定免疫力，只有当生猪与病原体接触达到一定时间后，才会表现出染病症状，因此表现为疫情发展的"迟缓"。

疫情发展的加速期主要表现为两个方面。（1）空间的扩大，即疫情传播区域变大，主要包括在猪群中扩大和感染至人两个方向。伴随着畜牧业的发展，我国养殖产业由过去的分散养殖逐渐向集约化、标准化发展，在此基础上我国中东部地区出现了养殖村、养殖小区，即养殖户聚集在同一片区域内。这种规模养殖的方法能够很好地降低成本，同时便于同各地兽医部门对接，可享受到更为便捷的防疫服务，但此举将会造成生猪养殖密度增大，也为疫情在猪与猪之间的快速传播埋下隐患。近年来，各类畜禽疫情活跃度较高，可通过与染病畜禽接触等渠道感染至人的疫病高达一百多种。当前可同时感染人、猪的病原体多为流感病毒的变异体。例如，2009 年暴发的大规模"猪流感"，其病原体即为一种新型的甲型流感病毒的亚型病毒，该类病毒同普通感冒一样，通过人和生猪的直接接触传播至人，然后在人际间传播。（2）烈度的增强，即染病生猪头数增多。由于近年来诱发生猪疫情的病原体不断变异，导致生猪疫情的种类不断增多，传染性也不断增强。一些非典型疫情，直接导致了疫情防控的难度增大。而我国基层防疫站所水平普遍较为落后，聘用的高技术职称从业人员较少，面对非典型疫情的出现，甚至是新老疫情同时传播情况，难以在第一时间提供到位的防疫服务。此外，由于养殖户日常养殖过程中，多存在滥用抗生素或抗生素使用不当等行为，导致病原体在此环境下变异后具有抗药性，在疫情发生后，普通防疫手段失效，更进一步增大了疫情的扩散风险和防疫难度，这些都会导致疫情传播过程中病猪病情更为复杂，感染率上升。

疫情发展的稳定期是指疫情的发展稳定在某个水平上，疫情的影响范围和影响程度不再继续扩大，此时往往是由于防疫措施已起效，疫情发展态势得到控制。

三、生猪疫情突发事件的转化机理

伴随着生猪疫情的发展，单一的生猪疫情突发事件将会诱发其他类型的突发事件发生。就生猪疫情突发事件而言，通常会表现为以下两种方式：转化为猪肉价格异动事件和舆情事件。

（1）转化为猪肉价格异动事件。疫情发生后，由于病猪数目增多，导致活猪供应量下降；同时，由于生猪免疫成本投入增大，也会进一步推高猪肉市场价格。但是由于人畜共患病风险增大，消费者出于健康考虑等因素会减少对猪肉的购买行为，消费者对猪肉的需求也会下降。猪肉市场的供给和需求两方面均受到了疫病带来的较大影响，受供需两个方面的影响，猪肉价格异动风险进一步加剧。此时，活猪屠宰、猪肉加工和销售等个人及企业的利益均会受到较大影响，疫情造成的经济损失范围将会进一步扩大。

（2）转化为舆情事件。由于近年来人畜共患病风险不断增大，生猪疫情突发事件除了会产生经济损失外，还与公共健康卫生息息相关，因此公众对于生猪疫情的关注度也越来越高，这使得生猪疫情的暴发更容易诱发舆情事件。

第三节　生猪疫情突发事件的应对策略分析

为降低生猪疫情突发事件可能带来的各种影响，对应生猪疫情突发事件的各个阶段，政府部门都应建立起完备的应对措施。在非疫情发生期，应建立起灵敏的预测预警机制，开展完善的风险分析，以期在疫情发生初期能够做到早发现、早介入。在疫情出现初期，能够迅速启动疫病防治预案，按照动物防疫法规对不同类别疫情进行处置，尽快控制疫情的发展。同时，在疫情处置结束后，能够合理开展补偿，避免疫情对区域内生猪养殖产业及养殖户带来巨大损伤。

一、提高检测预警灵敏度的应对策略

生猪疫情的预警监测，是指对生猪发病情况、疫情蔓延趋势、早期疫情的处置情况等进行动态监测、分析，实施先兆预警，为政府部门、生产者和经营者提供决策参考。具体地说，就是兽医部门和疫情预防控制部门经过信息采集和动态监测后划定风险预警等级，并适时进行信息发布，在分析、评价、预判生猪疫情的发展趋势基础上，根据生猪疫情风险预警信号制定相应的防范措施。因此，生猪疫情突发事件的预警体系应包括4个部分：生猪疫情监测系统、生猪疫情信息采集和处理系统、生猪疫情警情预测和发布系统以及生猪疫情应急处理系统（见图4-3）。

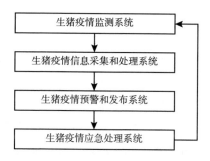

图 4 – 3　生猪疫情突发事件的预警体系

资料来源：苗珊珊，肖岚. 生猪疫病突发事件的机理及应对策略分析［J］. 河南理工大学学报（社会科学版），2018（2）：42 – 46.

（1）建立信息采集机制。完善的信息采集机制是生猪疫情预警体系建立的先决条件。按照动物防疫法规定，地方动物疫情信息采集主要由县级以上人民政府负责，因此信息采集主体较为分散，标准不统一。所以，应当尽快建立起全国统一的信息采集标准，在此标准指导下开展各地的疫情数据采集工作。

（2）建立信息分析评估和发布机制。由于生猪疫情突发事件的风险预警较为复杂，为防范分散在多地的早期疫情报告可能会被忽视的情况，应当建立起合理的风险信息评估机制。在建立全面覆盖基层的检疫信息数据库的基础上，引入信息化工具对疫情早期信号进行监控和识别；并将基层监测数据并入全国疫情监测数据库中，实现全国数据实时联网，对大范围数据进行及时分析，对重大疫情早期信号进行精准识别，从根本上提高疫情监测预警的灵敏度。

（3）建立良好的信息发布和共享机制。客观全面的信息公开有助于养殖户对疫情发展水平和发展趋势形成正确认知，促进养殖户在疫情初期选择适当的防疫手段，所以，应当进一步建立健全信息公开网络服务平台，加强对疫情发病状况、防疫开展情况、防疫效果等相关信息的统计分析工作，完善监测及预警系统，在疫情事件触发阈值时，及时启动预警机制。

二、生猪疫情突发事件的应急处置策略

生猪疫情突发事件从开始扩大感染时起即进入发展阶段，此时需要开始生猪疫情突发事件的应急处置。生猪疫情突发事件的应急处置主要是指养殖户和政府部门应采取各类措施，减缓疫情的蔓延速度，减少疫情可能带来的损失。

（一）生猪疫情突发事件的减缓策略

首先，应当优化应急处置机制。在防疫过程中，根据各类疫情不同应急预案的规定，按需调整处置方案；同时，按照防疫实际效果及疫情发展趋势，及时提高或降低所实施的预案级别。

减缓疫情在猪群间蔓延速度的具体措施主要有：立即对病猪进行彻底隔离，对养殖环境及相关用品进行彻底消毒，并控制好养殖环境的卫生清洁；妥善处理病死猪，增强未染病猪免疫力；对生猪养殖环境做好空气流通和防寒保暖措施，防止生猪应激染病。基层兽医部门也应加大对养殖户生猪染病情况和防疫工作开展情况的监督，确保疫区养殖户均能按照动物防疫法所做规定，正确开展防疫工作。

其次，还应优化协调机制。近年来人畜共患病风险不断增大，在生猪疫情突发事件发生蔓延时，仅依靠兽医部门的力量难以妥善应对。对此，应当在兽医部门、食品药品监督局和疾控中心等部门间建立起跨部门协作的联动应对机制与应对系统，确保对于疫情类突发事件的应对策略与既定目标一致，实现资源的选择与利用最优化，协调好职责交叉时的工作开展。在此基础上，还应对疫情类突发事件应急管理做好把控和监管，确保每一环节均有对应部门负责。

（二）生猪疫情突发事件转化为猪肉价格异动事件的应对策略

猪肉价格的异常波动会将经济损失事件的覆盖范围进一步扩大，活猪屠宰、猪肉加工、猪肉制品生产及零售等生猪产业链的下游从业者及企业都将承受生猪疫情突发事件带来的经济损失。

一是建立妥善的生猪价格调节机制。由于生猪属于生长周期较长的畜产品，该类产品在遭受疫情后会造成活猪供应量锐减，同时还会对仔猪及能繁母猪等产业链中各个环节产生影响。对此，必须在疫情初期就加强对猪肉市场价格的监测，做好猪肉价格波动的稳控工作。在疫情发生时，采取适当的补贴及政策措施对生猪养殖户进行合理扶持，确保生猪养殖行业的扩大再生产免遭破坏。同时，可通过加大抽检范围及力度等方式，确保供应猪肉卫生标准；加强对抽检结果的公示力度以帮助消费者消除顾虑，减少需求波动带来的损失。

二是建立多元主体参与的临时储备机制。通过加强生猪疫情发生风险的监测与预警，在疫情发生前，做好猪肉的收购及储备，降低供给波动对生产加工企业带来的损失。对于生猪主产区，可适度采取临时收储政策；对于生猪主销区，依据当时的猪肉价格波动程度，适时采取猪肉抛售政策；对于其他重点区域，可依据当时的疫情影响情况，做好猪肉及猪肉制品的供应工作，将收储、销售和供应结合起来，使疫情发展时期的猪肉稳定在较为合理的价格区间。

（三）生猪疫情突发事件转化为舆情事件的应对策略

由于疫情事件中信息传播的主体包括政府、大众媒体及个人信息发布者三级，因此避免舆情事件的发生也应从这三方面入手，对每个信息发布渠道进行规范和疏导利用。

首先，政府应当及时全面地做好疫情相关信息的公开，避免因信息公开不及时造成疫情大规模蔓延事件的再次发生。

其次，大众媒体也应承担起应有的社会责任，加大对防疫知识及疫情信息进行准确传播，帮助公众做出理智决策，避免恐慌的发生。

最后，由于互联网的不断普及，公众对于新闻资讯等的了解不再局限于传统媒体，微博、微信等新媒体逐渐成为人们获取、传递和发布信息的主要途径之一。要加强对新媒体平台的利用，建立起新媒体平台的官方发布途径，及时对谣言进行辟谣，避免不实甚至错误信息的传播。

三、生猪疫情突发事件收尾的应对策略

在疫情发展的衰退期，疫情已得到很好的控制，无须继续投入防疫资源。此时，应当对疫情事件进行合理收尾，使生猪养殖产业恢复至稳定状态。收尾应对策略中最重要的就是建立起合理的疫后补偿机制。

（一）要提高生产扶持政策的力度

动物防疫法虽然规定县级以上人民政府应对疫情防控中因扑杀所饲畜禽、销毁养殖器具等带来损失进行补偿，但补偿标准往往低于养殖户实际损失。为避免疫情防控成本上升造成的生猪养殖户采取消极防疫或低价淘汰病死猪等现象的发生，政府应当积极介入，通过入户排查等方式确定养殖户所受实际损失，同时依据不同地方的饲养成本水平，调整补偿标准。对母猪、种猪以及规模养殖场进行综合性补贴，提高养殖户的补栏意愿。同时，还应确保补贴资金能够及时、足额发放至养殖户手中。

（二）加强和改善生猪保险服务

生猪保险制度作为转移生猪养殖风险、补偿养殖损失的保障制度，具有

稳定养殖户收入、保障养殖户生产积极性和减缓财政压力等多方面作用。应加大对生猪疫情保险的宣传及推广力度，提高养殖户的投保意愿，扩大保险覆盖面，使保险成为政府补贴的一种良好补充，减小在疫情过程中养殖户因免疫成本上升产生的顾虑，提升养殖户主动防疫意愿。

第四节　结论与建议

依照上述分析，生猪疫情突发事件一旦发生对于生猪产业链及公众都将产生影响；改善我国生猪疫情突发事件的预防、监督及应对能力，能够极大降低该类突发事件带来的损失。针对我国现行防控政策及法律体系以及养殖防控现状，本书提出以下建议。

（1）加强执法普法力度，提高防疫监督水平。为避免生猪疫情类事件带来严重的经济社会影响，应当继续加强对动物防疫法及相关法律法规的普法宣传和违法处罚力度；同时，加大基层兽医部门对防疫信息的归档管理和监督检查力度，完善基层畜牧养殖信息数据库建设，提高防疫监督水平。

（2）加强养殖户防疫培训，提升个体防疫能力。可以通过远程教育、村内广播、免费发放培训手册等手段，加强对生猪养殖技术、疫情防控流程等的日常宣传与培训。通过各级财政拨款及设立村内专项经费等方式，聘请专家或专业培训机构，结合实际情况对养殖户进行包括防疫在内的养殖综合能力培训。通过培训，可以全面提高生猪养殖户的免疫及饲喂技术水平，提升个体养殖户面对生猪疫情突发事件的防疫水平。

（3）提高防疫服务水平，加强兽医队伍建设。加强疫情防控、检验检疫等生猪防疫公共服务体系建设，落实好生猪一类疾病强制免疫政策。提高基层防疫工作人员福利待遇，加强兽医队伍建设。加大疫后的补贴水平，灵活运用政策刺激，推进生猪养殖基础设施建设。扩大保险覆盖面，优化投保的赔付方式，健全生猪疫情风险规避机制。

第五章

生猪疫情突发事件对猪肉价格
冲击效应研究

——基于 PSTR 模型的估计

生猪疫情对猪肉市场平稳运行造成了巨大影响。本书基于生猪产业链价格与疫情省级面板数据，采用面板数据平滑转换模型（PSTR）分析生猪疫情对猪肉价格波动的冲击效应。研究结果表明，生猪疫情发病数量与猪肉集市价格存在显著的非线性关系，表现出明显的门槛特征与结构性变化。门槛值前后生猪疫情对猪肉集市价格的影响由低体制促进转变为高体制促进状态，跨越门槛值后猪肉集市价格波动的风险性大大增加。我国生猪疫情的价格冲击效应具有显著的地区差异，样本期内，江西、湖北、广西、重庆、天津受生猪疫情冲击均表现出高体制转换特征，而内蒙古、吉林、浙江、河南、湖南、广东、四川、贵州、云南、甘肃这 10 个省（区、市），则表现为不连续跨越门槛值特征。

第一节　引　　言

猪肉价格不仅受生产资料价格、居民生活水平、替代品等供需因素影响，疫情也会对其带来较大冲击。猪瘟、高致病性猪蓝耳病等各类生猪疫情直接造成生猪养殖成本大幅提升。同时，频发的生猪疫情对消费者食品需求造成直接冲击，导致需求量大幅下降，引发猪肉价格剧烈波动，给生猪养殖业带来巨大损失。生猪疫情加剧了猪肉市场的不稳定性，导致价格波动特征、波动水平的改变，政府各种宏观调控手段的有效性面临巨大挑战。那么，生猪疫情导致猪肉价格波动是否存在非线性特征？如果存在，生猪疫情导致价格波动区制改变的门槛值是多少？为解答上述问题，本书以猪肉市场为例，采用面板平滑转换模型（PSTR）定量分析生猪疫情对猪肉价格波动的影响，为深入识别生猪疫情对价格波动影响的内在机理提供理论与实证依据。目前，相关研究主要从两个方面展开。

一是疫情与价格关系研究。猪流感疫情、口蹄疫、SARS、禽流感、猪链球菌等导致所在国肉类价格剧烈波动，且这种影响随供应链层次不同而有所变化。2006 年由于猪蓝耳病暴发，我国生猪养殖规模及生猪存栏数锐减，猪肉价格暴涨。为规避疫情所带来的风险，农户倾向于多做"事前"准备来降低或冲销各类风险，但疫情发生后的应急处理机制仍处于不成熟状态，疫后风险处理手段较为单一、效果也不尽如人意。此外，H7N9 等突发疫情或食品安全事件可能会具有"蝴蝶效应"，经济冲击远远大于其本身带来的伤害。周海文等（2014）将生猪疫病影响指数作为疫病的代理变量考察其对猪肉、鸡肉、牛肉、羊肉价格的影响，发现疫病指数每提高 1%，将导致猪肉、鸡肉和牛肉价格将分别下降 3.03%、0.99% 和 0.05%，而羊肉价格则提高 0.70%。赵瑾等发现外部冲击对猪肉价格波动的影响存在非对称性。舒尔茨和汤瑟（Schulz and Tonsor，2015）分析了猪流行性腹泻疫情暴发对美国生猪产业链的影响，发现生产者养殖损失与生产率降低的幅度小于价格上涨的幅度，从而使得生产者利润增加，而中间商利润降低，消费者由于猪肉价格上涨成为遭受损失的主体。但现有研究往往采用专家调查和估算法，缺乏有力的定量研究支持。

二是猪肉价格波动研究，主要集中于猪肉价格的波动特征、波动原因、传导机制、影响因素等方面。猪肉价格波动存在非对称传递效应，即从长期来看上游价格波动没有完全传导至中下游产品，短期来看上游价格上涨比价格下降更为敏感，对上游产品当期价格变化比滞后期价格变化敏感。学者关注到外部冲击对猪肉价格波动的影响（谭莹和王绪宁，2020），如张喜才等（2012）研究发现外部冲击对生猪价格的影响达到 5%，且以 2% ~5% 不等的水平迅速传导给猪肉、仔猪、饲料等环节。胡向东和王济民（2010）关注到猪肉价格指数的门限效应，潘方卉和李翠霞（2015）则更进一步解释了市场势力因素在生猪和猪肉价格非对称传导中的作用。

总体而言，国内外学者在疫情与价格波动方面进行了大量富有成效的研究，其理论和方法对本书具有重要的启发和借鉴意义，为进一步研究奠定了坚实的基础和深入分析的空间。一是现有研究主要集中于禽流感疫情对禽蛋价格的影响，一些学者关注到外部冲击对猪肉价格波动的影响，但多以随机扰动项作为疫情的代理变量，精确剥离疫情对猪肉价格影响的文献不足。二是现有研究大多在线性模型框架下展开，且主要基于全国层面时间序列数据，但我国幅员辽阔，各省畜牧养殖情况差异巨大，采用面板数据考察生猪疫情与猪肉价格之间可能存在的非线性结构关系以及国内猪价区域间分化的文献较少。因此，本书采用面板 PSTR 模型探讨疫情导致的猪肉价格波动区制转移特征，以期为政府宏观价格调控政策和产业恢复政策创新提供理论与实证支持。

第二节　理论分析与计量模型

一、理论分析框架

生猪疫情是指发病率或者死亡率高的疫病突然发生，迅速传播，给养殖业生产安全造成严重威胁、危害，以及可能对公众身体健康与生命安全造成危害的情形。生猪疫情所具有的突发性、危害性以及传播性，使得其一旦暴发，生猪市场的原有均衡易被打破，市场短期内发生结构性转变。已有研究表明，疫情发生、发展特征变化对市场价格传导机制产生显著影响（于乐荣等，2009）。疫情是导致猪周期出现拐点的重要因素。疫情对短期猪价的影响主要体现为加大价格波动的区间；而从长期来看，重大疫情将导致能繁母猪淘汰量增大，加速去产能化，从而使得周期拐点加速到来（胡向东和郭世娟，2019）。生猪疫情对猪肉价格的影响主要通过两种途径。一是直接冲击效应。生猪疫情打破了市场均衡状况，改变了原有的供需函数，供给函数与需求函数动态调整的过程直接导致猪肉价格大幅波动。生猪养殖户因疫病蔓延而损失惨重，对养猪行业造成重大打击，而养殖户缺乏应对风险的保险保障与政策措施，为防止疫情继续扩大对未受传染的生猪造成影响，大量养殖户将生猪提前出栏，造成集体出栏效应，而消费者对疫情的反应具有一定的滞后性，供需错位导致猪肉市场供求关系紧张，猪肉价格波动性大大增加。此外，猪肉供给价格弹性绝对值大于需求价格弹性绝对值，面对疫情等外部冲击，价格波动呈现发散型蛛网特征。二是间接冲击效应。猪肉产业链较长，纵向产业链的高度组织化与横向产业链的分散化导致产业链各环节脆弱性提高。一旦发生突发事件，由于其本身具有的复杂演化规律，以及在事件发生、发展、演化（蔓延、转换、衍生、耦合）、衰退不同阶段的疫情范围、受影响生猪数量、风险沟通、信息发布时机等相关因素的相互作用，导致供需扭曲的现象随着疫病空间的扩大与烈度的增强而逐渐扩大。而信息瞒报、病死猪流入市场以及疫情由低传染性向高传染性的变异等，均会加剧疫情蔓延风险，致使猪肉的供需始终处在不可控条件下，价格波动超过门限值。

自诺贝尔奖获得者肯尼斯·阿罗（Arrow，1963）开创卫生经济学之后，一些学者从经济学视角研究传染病，试图将经济学与传染病学相结合，为传染病防控政策制定提供理论指导。国外学者建立了不同类型的传染病扩散模型，探讨疫情传播扩散机制（Reeves et al.，2011；Dube et al.，2009）。传统的传染病动力学研究主要基于 SIS（Susceptible - Infected - Susceptible）模型和 SIR（Susceptible - Infected - Removed）模型；然而真实复杂系统所具有的小世界效应与无尺度特征，使得以往基于静态网络结构分析流行病传播阈值的结论已经不能适用当今的现实情况。因此，借鉴夏承遗等（2009）的研究方法，本书将传染病模型扩展至价格领域。假设疫情发展具有易感（S）、感染（I）以及移出（R）三种状态；其感染速率为 β，治愈速率为 η；在个体总数（N）保持不变的条件下，个体在二维范围（L×L）内随机行动；健康个体、染病个体与移除个体的比例可以表示为 $s(t)$、$i(t)$、$r(t)$。采用平均场理论构建随机运动条件下的 SIR 模型为：

$$\left\{\begin{array}{l} i(t+\Delta t) - i(t) = -\eta i(t) + s(t)\left[1 - (1-\beta\delta(t))^8\right] \\ r(t+\Delta t) - r(t) = \eta i(t) \\ s(t) + i(t) + r(t) = 1 \end{array}\right\} \quad (5-1)$$

式中，$\delta = N/L^2$，表示移动群体密度，Δt 表示感染时间延迟。

通过临界点附近 $i(t) \ll 1$，对方程组第一个方程右侧的泰勒展开式进行计算，可得：

$$i(t+\Delta t) \approx i(t)(1 - \eta + 8\beta\delta) \quad (5-2)$$

由于疫情传播必须满足条件 $1 - r + 8\beta\delta > 1$，令 $\lambda_c = \beta/\gamma$ 表示传播速率，则有疫情传播的临界值为：

$$\lambda_c = 1/(8\delta) \quad (5-3)$$

而疫情一旦突破临界值，猪肉价格波动将受到直接效应与间接效应的双重影响，从而带来国内猪价区域间的分化，导致猪肉价格波动突破原有均衡，在应对外部冲击过程中，产业链各环节价格的高低体制转换具有异质性。因此，本书提出如下研究假设。

H_0：如果 $\lambda > \lambda_c$，疫情传播超过临界值，导致价格波动率大大提高，猪肉价格波动状态表现出非线性的结构性变化。

H_1：如果 $\lambda < \lambda_c$，疫情传播未突破临界值，则价格波动率较低，猪肉价格波动状态主要表现为线性变化。

二、面板平滑转换模型

PSTR 模型由于具有反映截面数据和时间异质性的优点，能够刻画模型系数随变量变化而连续变化的动态过程。因此，本书采用面板 PSTR 模型分析生猪疫情发展变化对猪肉价格的持续动态影响，揭示猪肉价格受疫情冲击的非线性效应。首先构建一般化面板数据模型：

$$Y_{it} = \beta_0 DIS_{it} + \sum_{n=1}^{j} \beta_i X_{it} + \varepsilon_{it} + \mu_{it} \qquad (5-4)$$

式中，Y_{it} 为猪肉集市价格，DIS_{it} 为疫情发病数量，X_{it} 为其他控制变量，μ_{it} 为各地区之间差异的非观测效应，ε_{it} 为随机干扰项。

由于不同省份之间生猪疫情的发病及蔓延情况不同，引发猪肉集市价格的波动幅度可能存在差异。式（5-4）的模型构建中没有将这一差异考虑在内，为此本书采用面板数据平滑转换模型（PSTR），将式（5-4）扩展为非线性模型：

$$Y_{it} = \beta_{01} DIS_{it} + \sum_{n=1}^{j} \beta_{j1} X_{it} + \sum_{j=1}^{r} \left(\beta_{02} DIS_{it} + \sum_{n=1}^{j} \beta_{j2} X_{it} \right) g_j(q_{it}^j, \gamma, c)$$
$$+ \varepsilon_{it} + \mu_{it} \qquad (5-5)$$

式中，$g_j(q_{it}^j, \gamma, c)$ 为逻辑转换函数，q_{it}^j 是转换变量。由于本书选取生猪疫情发病数量作为生猪疫情严重程度的指标，旨在研究生猪疫情可能对猪肉价格波动产生的非线性影响，故而选取生猪疫情发病数量 DIS_{it} 作为转换变量。转换函数一般采取 logistic 函数的形式：

$$g_j(q_{it}^j, \gamma, c) = \left(1 + \exp\left(-\gamma \prod_{j=1}^{m} (q_{it}^j - c_j) \right) \right)^{-1} \qquad (5-6)$$

式中，$\gamma > 0$，$c_1 < c_2 < \cdots < c_m$。

$g_j(q_{it}^j, \gamma, c)$ 是关于 q_{it}^j 的取值在 [0, 1] 之间的连续有界函数，转换函数的取值决定了回归系数的取值在 [β_{1j}, $\beta_{1j} + \beta_{1j}$] 之间。当 $g_j(q_{it}^j, \gamma, c)$ 取 0 时，式（5-5）退化为式（5-4），表现为该模型的低体制形式；当 $g_j(q_{it}^j, \gamma, c)$ 取值为 1 时，表现为该模型的高体制形式。具体形式为：

$$Y_{it} = \beta_{01} DIS_{it} + \sum_{n=1}^{j} \beta_{j1} X_{it} + \sum_{j=1}^{r} \left(\beta_{02} DIS_{it} + \sum_{n=1}^{j} \beta_{j2} X_{it} \right) + \varepsilon_{it} + \mu_{it}$$

$$(5-7)$$

当 $g_j(q_{it}^j, \gamma, c)$ 在 0 ~ 1 之间连续变化时，面板数据平滑转换模型就相应地在高低体制之间作连续的非线性结构平滑转化。其中，斜率参数 γ 决定了转换的平滑程度，γ 越大则转换速度越快。

位置参数 c 是一个 m 维向量。通常 m = 1 或者 m = 2，m 的取值代表了转换函数 $g_j(q_{it}^j, \gamma, c)$ 中位置参数的个数。

当 m = 1 时，转换函数只含有一个位置参数，其形式如下：

$$g(q_{it}, \gamma, c) = (1 + \exp(-\gamma(q_{it} - c)))^{-1} \qquad (5-8)$$

该模型为两体制模型，当 q_{it} 的取值由低到高递增时，回归系数也相应地从 β_{1j} 单调递增至 $\beta_{1j} + \beta_{1j}$。就此处而言，两种体制意味着生猪疫情的严重状态 [对应 $g_j(q_{it}, \gamma, c) = 1$] 和缓和状态 [对应 $g_j(q_{it}, \gamma, c) = 0$]。随着疫情由萌芽发展到中后期，猪肉价格波动状态表现出非线性的结构性变化。当 $\gamma \to \infty$ 时，$g_j(q_{it}^j, \gamma, c)$ 转变为示性函数，模型也退化为 Hansen 提出的两体制门槛模型[0]。

当 m = 2 时，转换函数含有两个位置参数 c_1 和 c_2，其形式如下：

$$g(q_{it}, \gamma, c) = \{1 + \exp[-\gamma(q_{it} - c_1)(q_{it} - c_2)]\}^{-1} \qquad (5-9)$$

此时，转换函数的最小值为 $(c_1 + c_2)/2$，且在该最小值点处对称，此时模型处在中间体制。当 q_{it} 取极大值和极小值时，转换函数取值均为 1，且伴随着 q_{it} 的递增，$g_j(q_{it}, \gamma, c)$ 呈现先递减后递增的趋势。

对于 m 的任何取值，当 $\gamma \to 0$ 时，式 (5 - 5) 退化为线性固定效应模型。

在式 (5 - 5) 中，猪肉价格对疫情发病数量的边际效应可以表示为：

$$e_{it} = \frac{\partial Y_{it}}{\partial DIS_{it}} = \beta_0 + \beta_1 g(q_{it}, \gamma, c), \quad \forall i, \ \forall t \qquad (5-10)$$

由于 $0 \leqslant g(q_{it}, \gamma, c) \leqslant 1$，所以，$e_{it}$ 实际上是 $\beta_0 + \beta_1$ 的加权平均值，β_1 取正值代表了 DIS_{it} 对于 Y_{it} 的影响随着转换变量取值的增加而增加，β_1 取负值代表了 DIS_{it} 对于 Y_{it} 的影响随着转换变量取值的增加而减少。

当模型数据的产生过程是线性时，会导致 PSTR 模型无法识别。该模型的适用条件是存在个体异质性的面板数据，故而使用该模型进行估计之前必须先进行线性检验。当假设 $H_0: r = 0$ 或 $H_0: \beta_1 = 0$ 时，PSTR 模型转换为同质性模型。在这两种无效假设下，检验都是非标准的，PSTR 模型均包含不识别参数，且位置参数 c 不识别。故在原假设下，将逻辑转换函数 $g_j(q_{it}, \gamma, c)$ 替换为其在 $\gamma = 0$ 处的一阶泰勒展开式，即可得到辅助回归方程：

$$Y_{it} = \mu_{it} + \beta_0'^* x_{it} + \beta_1'^* x_{it} q_{it} + \cdots + \beta_m'^* x_{it} q_{it}^m + u_{it}^* \qquad (5-11)$$

式中，$u_{it}^* = u_{it} + R_m \beta_1' x_{it}$，$R_m$ 为泰勒展开式的余项。此时，H_0 等价于检验式（5-11）中的 $\beta_0^* = \beta_1^* = \cdots = \beta_m^* = 0$。

一般情况下，通过构造 LRT、LM 或 LMF 统计量进行检验。若模型数据产生过程非线性，则需进一步检测模型的剩余非线性，意即检验转换函数的个数。此处 $H_0 : r = 1$，即模型只包含一个转换函数，备择假设为 $H_1 : r = 2$。对假设进行检验，若检验拒绝 H_0，则对 $H_0 : r = 2$、$H_1 : r = 3$ 和 $H_0 : r = 3$、$H_1 : r = 4$ 进行检验，直到不能拒绝原假设为止，此时 r 的个数即为模型包含的转换函数个数。

第三节　生猪疫情对猪肉价格冲击效应的实证分析

一、指标描述与数据统计性分析

在分析生猪疫情带来的猪肉价格异动风险时，选取猪肉集市价格作为被解释变量。本书重点研究疫情对猪肉价格冲击效应的非线性影响。已有研究发现，非典期间北京呼吸道门诊监测到的肺炎病例数变化与北京非典疫情的发展具有高度一致性，可以协助判断非典疫情的进展，从而有助于对非典疫情的预警。因此，本书选取疫病数量作为生猪疫情传播速率的代理变量，旨在研究疫情发病情况可能对猪肉价格波动产生的非线性影响。生猪疫情统计主要包括猪肺疫、猪丹毒、布鲁氏菌病、猪瘟和高致病性猪蓝耳病。生猪疫情发病数量既是解释变量又是转换变量，生猪疫情分省面板数据最早开始于2015 年，样本数据采用除北京和西藏外的 29 个省（市）2015 年 1 月至2017 年 10 月的月度面板数据，共计 986 个观测样本，生猪疫情数据来源于中国政府网（www. gov. cn）。考虑到数据可比性，对该指标进行对数处理。

较之 2011 ~ 2014 年，2015 ~ 2017 年生猪疫情发病情况呈现出疫情发生次数多且染病生猪数量大等特点。样本期内，猪瘟、猪丹毒、布鲁氏菌病均有大规模暴发记录，猪肺疫的发病也维持在较高水平。猪肺疫发病频繁，发病数最高点出现在 2016 年 1 月，感染头数达 6777 头；猪丹毒每年均有大规模发病记录，2016 年 1 月后呈现明显大规模增长态势。布鲁氏菌病 2015 ~ 2017 年间发病数量大规模攀升。从各省情况可以看出，生猪疫情发病率最高的三个省区别是湖北、广西和江西，而山西、西藏、辽宁发病数最少。与此同时，猪肉价格波动性大大增强，波动特征明显，具有和疫情变动情况类似的波动特征。故而，所选时间段内数据具有较强代表性。详细数据见图 5 – 1。

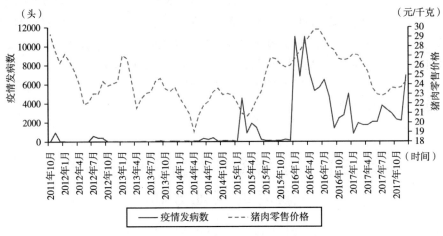

图 5 – 1　生猪疫情与猪肉价格变动趋势

资料来源：Excel 统计输出。

生猪产业链主要由上游、中游与下游三个部分组成。根据生猪养殖成本构成，借鉴于爱芝和郑少华的研究方法，本书选择上游产品仔猪集市价格、中游产品活猪集市价格以及下游产品猪肉集市价格作为产业链价格的整体反映，并将产业链上游的仔猪价格和活猪价格作为其他控制变量纳入分析模型。[①] 本书数据处理软件为 Matlab 2016。对指标数据的描述性统计分析如表 5 – 1 所示。

表 5 – 1　　　　　　　　　　指标数据的描述性统计分析

变量	符号	观测值	均值	标准差
猪肉集市价格	PM	986	26.85	3.06
生猪疫情发病数量	DIS	986	3.63	3.53
活猪集市价格	PR	986	16.40	2.40
仔猪集市价格	PL	986	35.52	11.44

资料来源：Matlab 2016 统计输出。

---

① 各省（区、市）仔猪集市价格、活猪集市价格、猪肉集市价格来源于中国畜牧业信息网（http：//www. caaa. cn/）。

二、模型检验与结果分析

根据上文的分析结果，本书构建如下面板平滑转换模型，分析生猪疫情对猪肉集市价格的影响方向及影响程度。

$$PM_{it} = \beta_{01}DIS_{it} + \beta_{11}PR_{it} + \beta_{21}PL_{it} + (\beta_{02}DIS_{it} + \beta_{12}PR_{it} + \beta_{22}PL_{it})g(DIS_{it}, \gamma, c)$$
$$+ \varepsilon_{it} + \mu_{it} \tag{5-12}$$

为检验上述模型的正确性，即生猪疫情发病数量对价格冲击是否具有异质性，对模型进行线性检验，采用 Hansen 方法在 $\gamma = 0$ 处对其进行一阶泰勒展开，对模型进行似然比检验，检验结果如表 5-2 所示。LRT 统计量为 17.962，对应 p 值为 0.000，拒绝原假设 $H_0 : r = 0$，表明所检验数据产生过程非线性，符合 PSTR 模型要求。进一步对设定模型进行剩余非线性检测，其 LRT 统计量为 2.214，对应 p 值 0.529，发现对应模型不能拒绝 $H_0 : r = 1$ 的原假设，表明模型只存在一个转换函数，故而位置参数个数也为 1，所以 m = 1、r = 1，设定模型成立。

表 5-2　　　　　　　　　　　线性检验与剩余非线性检验结果

原假设与备择假设	LM 检验统计量	LMF 检验统计量	LRT 检验统计量
$H_0 : r = 0$ vs $H_0 : r = 1$	17.799 (0.000)	5.846 (0.001)	17.962 (0.000)
$H_0 : r = 1$ vs $H_0 : r = 2$	2.212 (0.530)	0.710 (0.546)	2.214 (0.529)

注：括号内为对应 p 值。

资料来源：Matlab 2016 统计输出。

本书运用 Matlab 2016 编程得到设定模型的参数估计，其结果见表 5-3。

模型实际估计结果为：

$$PM_{it} = 0.0285DIS_{it} + 0.957PR_{it} - 0.047PL_{it}$$
$$+ (0.2067DIS_{it} - 0.3745PR_{it} + 0.0948\beta_{22}PL_{it})$$
$$\times \frac{1}{1 + e^{-1.4128(q_{it} - 9.3149)}} + \varepsilon_{it} + \mu_{it} \tag{5-13}$$

生猪疫情发病数量在较低水平，即表现出对猪肉集市价格波动的促进作用（$\beta_{01} > 0$）。从图 5-2 可以看出，当疫情发病数量 q_{it} 在 6~12 这一区间，猪肉集市价格的促进弹性存在从低体制区间到高体制区间的结构转换。疫情严重程度较低时，猪肉价格与疫情发病数量表现为线性关系。生猪疫情的门

槛值为 $c = 9.3149$，在疫情发展水平越过门槛值之后，其对猪肉集市价格的促进作用得到了较为明显的增强，由疫情引发的猪肉集市价格波动损失风险进一步增大（$\beta_{02} > 0$，$\beta_{01} + \beta_{02} > 0$），疫情发病数量与猪肉价格表现为非线性关系。此外，模型对应的斜率参数 γ 为 1.4128，表明模型在门槛值前后转换的速度较慢，转换函数较为平滑，疫情对猪肉集市价格波动的影响在高低体制之间呈现平滑渐进的变化趋势。这主要是由于政府降低价格波动性的调控政策，促使猪肉价格向均衡水平调整的速度发生变化。

表 5 - 3   PSTR 模型回归结果

项目	指标	系数	参数估计结果
线性部分参数估计	DIS	β_{01}	0.0285 *** (0.0173)
	PR	β_{11}	0.9570 ** (0.0549)
	PL	β_{21}	- 0.0470 *** (0.0062)
非线性部分参数估计	DIS	β_{02}	0.2067 ** (0.0867)
	PR	β_{12}	- 0.3745 ** (0.0626)
	PL	β_{22}	0.0948 *** (0.0173)
位置参数		c	9.3149
斜率参数		γ	1.4128

注：* 、** 、*** 依次表示 10%、5%、1% 的显著水平。括号内为各项对应的标准误差。

资料来源：Matlab 2016 统计输出。

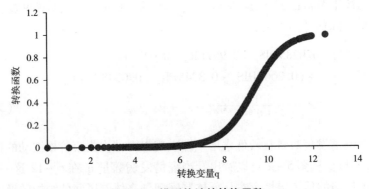

图 5 - 2   模型估计的转换函数

资料来源：Matlab 2016 统计输出。

疫情对猪肉价格波动的非线性效应与疫情散发性和渐进性特点有关。已有研究表明，疫情暴发时间分布一般呈正偏态分布，包括潜伏期、暴发期、蔓延期、反复期、缓解期、长尾期等，有较长的"拖尾"现象。疫情暴发初期，受生猪染病基数较小、养殖空间间隔以及生猪自身免疫力等因素的影响，疫情对猪肉价格的影响微乎其微，价格波动未突破门槛值。而随着传播空间的扩大与烈度的增强，生猪疫情大规模暴发，对染病生猪进行隔离、扑杀和对未染生病猪进行疫苗注射、投喂药品及其他提高免疫力措施的开展需要操作时间，疫情快速传播与疫情应对的滞后性导致病死猪数量大大增加，需求量大幅降低，猪肉市场供需失衡，而猪肉价格波动达到一定程度后具有自我强化能力，价格波动突破门槛值。

根据本书估计得到的门槛估计值，对各省生猪疫情发病数量与门槛值水平进行对比分析。从样本期内 29 省（区、市）数据来看，生猪疫情对猪肉价格波动的影响在各省（区、市）之间存在显著的差异性。江西、湖北、广西、重庆、天津五省（区、市），生猪疫情较多月份跨越 9.3149 的门槛值，疫情对猪肉价格的促进作用多数时间表现为高体制特征，产生额外的促进效应。考虑到湖北、广西两省为生猪主产区，较高的发病水平将会对市场稳定带来严重的负面影响，应加强生猪主产区猪肉价格的监测，全面提高主产区的防疫服务水平，防止生猪疫情导致的价格大幅波动。内蒙古、吉林、浙江、河南、湖南、广东、四川、贵州、云南、甘肃十省存在少数不连续月份疫情发病数量跨越门槛值的现象，其生猪疫情整体严重程度虽然较低，仍需防范重大疫情的发生，应当着重做好重大生猪疫情的预警及监测工作，提高突发事件的应急响应处理速度。其余省（区、市）疫情发病水平始终处于门槛值之下，没有跨越门槛值。针对不同省份表现的疫情发病情况与价格波动水平，对价格波动情况实行分级监测，从而保证面对生猪疫情时畜产品价格的稳定性。

从控制变量上看，活猪集市价格和仔猪集市价格对猪肉集市价格波动的影响存在门槛效应，在位置参数 $c = 9.3149$ 处达到门槛值。活猪集市价格对猪肉集市价格波动起到促进作用（$\beta_{11} > 0$）。随着生猪疫情从较低水平区间向较高水平区间迁移，价格波动的促进作用被抑制（$\beta_{12} < 0$，$0 < \beta_{11} + \beta_{12} < \beta_{11}$）。这种变化主要与活猪集市价格对猪肉集市价格的交互弹性 $0.9570 - 0.3745 \times g_j(q_{it}, \gamma, c)$ 有关。伴随着疫情发病数量向更高水平发展，活猪集市价格的弹性系数递减。仔猪集市价格对猪肉集市价格波动的影响与活猪集市价格的作用机制不同，伴随着生猪疫情发病数量实现对门槛值的跨越，仔猪集市价格对猪肉集市价格的影响由抑制转为促进作用（$\beta_{21} < 0$，$\beta_{21} +$

$\beta_{22} > 0$)。可能的原因有三个方面。一是生猪疫情对母猪产仔率以及仔猪成活率的影响最大，仔猪大面积死亡导致供给减少、价格突变，因而生猪疫情跨越门槛值后，仔猪集市价格波动性大大加强。二是由于环保政策逐渐趋严，全国各省份陆续划定禁养区，拆除或搬迁禁养区猪舍导致产能被动退出，而建设高标准猪舍污染防治设施大大提高了养殖投资门槛，促使部分散养户主动退出，降低了母猪补栏意愿，导致仔猪集市价格波动剧烈。三是随着产业链纵向联结方式的改变以及规模养殖户的增加，市场力量对比发生变化，疫情冲击对产业链源头仔猪集市价格的影响最大，而规模养殖主体借助自身资金与信息的优势，利用价格传导的非对称性促使生猪疫情对产业链中下游环节价格冲击的影响在门槛值后不断减弱，从而提升规模养殖户的利润，减少疫情损失。这一结论印证了 Serra 的研究结果，即疫情冲击下由于各环节市场力量的差异，导致价格传导的非对称性。

第四节　结论与政策启示

本书通过构建面板数据平滑转换模型分析 2015 年 1 月至 2017 年 10 月 29 个省份生猪疫情对猪肉价格的冲击效应，检验生猪疫情与猪肉价格波动之间的非线性关系。研究有以下三点发现。（1）生猪疫情对猪肉集市价格波动的影响具有门槛效应。疫情发病数量超过门槛值即会诱发猪肉集市价格异常波动，疫情对猪肉集市价格波动的影响在高低体制之间的转换呈现平滑渐进趋势。（2）生猪疫情对猪肉集市价格波动的冲击效应具有显著的地区差异。江西、湖北、广西、重庆、天津在样本期内表现为显著的高体制区间，内蒙古、吉林、浙江、河南、湖南、广东、四川、贵州、云南、甘肃则具有不连续月份疫情发病数量跨越门槛值特征。（3）仔猪集市价格对猪肉集市价格波动的影响在门槛值前后对猪肉集市价格波动的影响由抑制转变为促进。活猪集市价格对猪肉集市价格波动的影响在低体制区间具有增强作用，在超过门槛值后随疫情发病数量的提高而减弱。

本书研究结论为进一步加快生鲜农产品市场健康发展、减弱外部冲击对猪肉价格波动的影响提供了积极的政策启示。（1）健全动物疫情突发事件应对机制，关注疫情与价格波动之间的"门槛效应"，达到门槛值后制定有针对性的价格波动应对策略，保障价格平稳运行，降低养殖户损失。（2）重视疫情对猪肉价格影响的地区差异，强化生猪疫情的防控与监测，重点关注生猪主产区疫情发展变化情况，实施分级监测，有效应对疫情冲击与价格的超常规波动。(3) 鉴于仔猪集市价格作为产业链源头对猪肉集市价格波动的放大效应，应加大生猪产业产能培育，提高外部冲击的市场应对能力。面对生猪产业链升级的现实，加速中小散养户退出，提高产业链各环节市场力量，从而降低价格波动的放大效应。

第六章

生猪疫情突发事件对猪肉价格
波动的分解与随机冲击

生猪疫情突发事件对相关行业造成了巨大影响。本书首先运用成分分解法对猪肉零售价格进行分解并考察猪肉价格的波动特征。通过建立猪肉零售价格随机成分和实际猪肉零售价格的向量自回归模型，考察生猪疫情突发事件对猪肉零售价格波动的随机冲击效应。在此基础上，利用脉冲响应函数和方差分解方法分析随机冲击对猪肉零售价格的影响。研究结果表明，猪肉零售价格波动具有周期性与季节性特征，外部冲击对猪肉价格的影响具有即时性，第 1 个月即产生负面影响，随机成分波动对猪肉零售价格波动的贡献度不断增大且持续 10 个月左右，10 个月之后贡献度稳定在 64%。

第一节 引 言

生猪疫情突发事件导致农产品零售价格剧烈波动，部分产品如鲜猪肉出现短期波幅超过一倍甚至几倍的剧烈价格波动。市场预期的改变，大大增加了政府宏观调控的难度，致使消费者猪肉消费需求受到了极大影响，猪肉及其互补品价格大跌，生猪养殖产业各环节经营主体损失严重（程培塯，2015）。价格是市场经济运行的基本表现形式，也是最重要的调节杠杆。猪肉价格不仅受气候、居民生活水平、替代品等供需因素的影响，疫情突发事件的发生也会对其带来较大的冲击。猪肉作为生鲜农产品具有分散化、非标化特点，由于其保质期短，需要全程冷链运输，产业链的特殊性决定其抵御突发事件风险的脆弱性较高，导致在生产流通相对薄弱的环节价格波动特征明显。生猪疫情突发事件的频繁发生不仅对市场供需造成冲击，引发猪肉价格的剧烈波动，而且容易引发连锁反应（徐娟等，2012）。因此，分析猪肉价格波动特征，剖析生猪疫情对猪肉价格冲击效应的大小，对科学识别外部冲击对猪肉价格的影响程度，保障生猪行业的稳定与健康发展具有重要意义。

食品安全事件的社会经济影响研究主要集中在两个方面。一是动物疾病危机对市场的影响。食品安全事件往往对市场需求造成严重影响（Angulo and Gil，2007；Tonsor et al.，2009），如转基因玉米事件导致玉米价格大跌 1/3，消费者对相关产品的消费量大大减少（Carter，2007）。钟家坤（2011）的研究发现，2011 年下半年猪肉价格的反季节上涨即与 2011 年初发生的猪肠炎疫情导致猪肉大量死亡有显著关系。二是食品安全事件的消费者响应研究。食品安全事件对消费者的风险认知与购买行为产生影响（Schroeder et al.，2007），学者基于不同食品安全事件证明了感知风险和风险态度与其购买行为之间具有显著的负向关联性（Baker，2003；马宇彤和韩青，2016）。国外已有大量涉及食品安全和食品安全事件的实证研究（Dowling and Staeling，1994；Lobb et al.，2014），分析影响消费者感知风险和风险态度的因素。食品安全事件发生往往导致消费者购买减少，且多数研究都表明风险和信任的改变是影响消费者购买减少的重要因素（Lobb，2011；Mazzocch，2012；Shepherd and Saghaian，2008）。食品安全事件后，政府的补救措施以及消费者对事件了解程度的加深都会降低其风险感知水平，从而导致购买行为的恢复（Kalogeras et al.，2008）。国内研究主要集中于突发事件的社会经济损失（张莉琴等，2009；张淑霞和陆迁，2013），主要将其分为直接经济损失、间接经济损失以及非经济损失等不同方面，采用调查法、检验判断法、综合损失值模型等方法进行分析，缺乏将突发事件与产业影响联系起来的精确定量分析（刘春腊等，2014）。突发事件引发供求失调，往往导致生鲜农产品价格的大起大落（毛学峰，2008）。如禽流感疫情和非典事件的发生使得鸡肉价格呈现剧烈波动特征，猪肉价格甚至呈现过山车式波动（张喜才，2011；辛翔飞等，2017）。疫情的发生造成消费者的恐慌心理，消费者购买数量大量减少，猪肉价格大跌，如 2012 年春节期间南方小规模的禽流感疫情使猪肉价格下降（蔡东方，2012）。有些学者分别以禽流感事件、瘦肉精事件为例考察了其价格冲击效应，如程培堽（2015）的研究发现，瘦肉精事件对市场价格的冲击效应持续半年多的时间，在此期间猪肉价格平均下降了 30.3%，而替代品牛肉价格略微上涨，上涨幅度约 8.2%。

总之，国内外文献从不同角度进行了理论和实践探讨，取得了较为丰硕的成果。但现有研究主要以理论分析为主，定量分析食品安全事件对市场或产业的直接影响缺乏。因此，本书以生猪疫情突发事件为例，探讨随机冲击对猪肉价格的冲击效应及传导机制，以期为政府突发事件应对与价格稳定政策创新提供理论与实证依据。

第二节　猪肉价格波动的成分分解

一、价格波动的成分分解方法

经济变量的月度时间序列数据主要由趋势成分、周期成分、季节成分以及随机成分组成。通过对组成成分长期趋势的判断，从而对经济变量未来变化做出预测。宏观经济学中，人们非常关心序列组成成分中的长期趋势，H－P滤波法是一种将经济变量不同趋势进行分解的适用方法，因此，本书成分分解方法分别采用 Census X12 季节调整方法和 HP 滤波法把猪肉价格分解为四个部分。Census X12 季节调整方法的季节调整分解形式主要有四种，分别为对数加法、加法、伪加法和乘法，本书主要采用乘法模型，所用软件为EViews 7.0。模型形式为：

$$Y_t = TC_t + S_t + I_t \qquad (6-1)$$

式（6-1）中，Y_t 表示变量的时间序列；TC_t 表示变量的时间趋势变化序列；S_t 表示变量的季节变化序列；I_t 为变量的随机变化序列。

HP 滤波法最早由霍德里克和普雷斯科特（Hodrick and Prescott，1980）分析美国战后经济指数时提出，主要用于经济变量的趋势分解，可以将经济变量序列的长期趋势和短期波动进行分解，经过 H－P 滤波处理得到的数据为平稳序列。其优点是能够正确鉴别其非对称性。P_t 为数据的经济时间序列，主要包括数据的趋势成分和周期成分，P_t^T 为趋势成分，P_t^C 为周期成分，即：

$$P_t = P_t^T + P_t^C \qquad (6-2)$$

式（6-2）中，t=1，2，3，…，T。H－P 滤波的分解是将时间序列 P_t 中的趋势成分 P_t^T 分解，对应的周期成分为（$P_t - P_t^T$）；经济时间序列中的趋势成分 P_t^C 则由最小化问题的解来表示：

$$\min\left\{ \sum_{t=1}^{T} (P_t - P_t^T)^2 + \lambda \sum_{t=1}^{T} \left[(P_{t+1}^T - P_t^T) - (P_t^T - P_{t-1}^T) \right]^2 \right\} \qquad (6-3)$$

式（6-3）中，参数 λ 在 EViews 中事先确定，月度数据的 λ 取值为
14400。

二、猪肉价格不同成分的波动态势与特征变化

（一）猪肉价格总体变动态势

研究样本区间内猪肉价格整体呈跌宕起伏的趋势。猪肉价格由 2008 年
1 月的 21.7 元/千克循环跌宕，最终平稳回归原有价格 21.27 元/千克，基
本形成了一个完整的波动周期。在这一区间内，最低价格为 2009 年 5 月的
12.98 元/千克；最高价格为 2011 年 7 月的 30.69 元/千克，累计涨幅达
136.44%。在此期间，生猪疫情频繁发生，当生猪存栏不足的时候，供给进
一步减少，导致猪价持续上涨。当生猪存栏过剩时，病猪扰市导致猪价下
跌，从而加大了猪肉价格的波动性。从表 6-1 可以看出，疫情对猪肉价格
波动的影响较大。

表 6-1　　　　　　　　　2008～2015 年生猪疫情发生情况

发生时间	疫情时间	对生猪供应的影响	疫情程度
2009 年	猪瘟、猪丹毒、猪肺炎、蓝耳病	生猪供应量减少	疫情总计头数 191024 头
2010 年	口蹄疫、猪瘟、蓝耳病	2011 年全年生猪上市量减少，猪价创新高	口蹄疫发生 12 次，10 年来发病次数最多，扑杀 10512 头
2011 年 2～3 月	流行性腹泻	2011 年 6～9 月生猪供应锐减	助推猪价上涨
2011 年 2～7 月	口蹄疫	2011 年 10～12 月养殖户恐慌性出栏	发病供给 6 次，扑杀 5159 头
2011 年 11 月～2012 年 3 月	流行性腹泻	2012 年 6～8 月生猪上市量减少	整体供应未受到大的冲击
2013 年	流行性腹泻、猪伪狂犬病、A 型口蹄疫	散发疫情	——
2014 年	猪流感、伪猪狂犬病、猪蓝耳病、病死猪肉事件	养猪业全线亏损	——

资料来源：根据相关资料整理。

从图 6-1 看出, 波动值总体呈逐渐上升趋势, 2008 年 1 月至 2011 年 7 月, 猪肉价格表现为上升态势, 这主要是由于近年来外来猪种大量进口, 相关选育措施未跟上, 导致猪种水土不服、免疫能力下降, 从而造成不断引入与不断退化的恶性循环, 生猪疫情层出不穷。此外, 受市场价格低迷、饲料价格上涨等因素的影响, 2008 年上半年猪肉价格上涨 48%。[①] 随着科学技术、社会分工、国际贸易、经济全球化的纵深发展, 市场经济体制促成全国甚至全球统一的大市场, 相关中间环节增多, 流行腹泻、冠状病毒、猪蓝耳病、圆环病毒等生猪疫情随着生产、养殖等环节不断扩散至下游的运输、零售环节, 导致猪肉价格的大幅波动。生鲜农产品生产本身具有自然再生产与经济再生产的双重属性, 猪肉价格超常规波动往往是疫情与经济、自然因素相耦合的结果, 影响猪肉价格的各因素相互影响、相互作用, 通过耦合而产生价格叠加、倍增效应, 传导的风险流量急剧增加, 进而导致整个产业价格下跌, 2011 年 8 月后的猪肉价格大规模下跌即为此类波动的典型代表。在外部冲击 (如疫病风险等) 下, 猪肉市场短期内发生结构性突变, 很大程度上解释了 2011 年猪肉价格的暴涨暴跌。

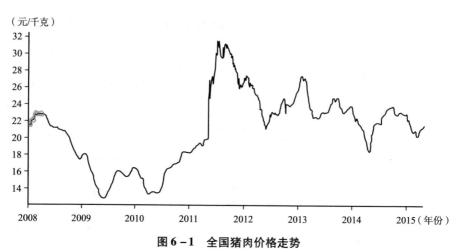

图 6-1 全国猪肉价格走势

资料来源: 布瑞克农产品数据库。

(二) 猪肉价格不同成分的波动特征

猪肉零售价格波动是不同因素相互作用的结果, 通过对猪肉零售价格的分解发现, 猪肉价格波动是趋势成分、周期成分、季节成分、随机成分等变动的

[①] 孙宇星. 统计局: 猪肉价格仍高位运行对 CPI 影响不能忽视 [EB/OL] http: //news. ifeng. com/c/7fYVLtGQnnx.

组合，并在这些因素的作用下围绕均衡价格上下波动［见图 6 - 2（a）］。猪肉零售价格趋势成分整体上呈 U 形曲线特征，基本反映了一个完整的波动周期。猪肉零售价格的季节成分波动特征非常明显，每年 4 月份猪肉价格上升，这往往是由于需求端的变化，上一周期能繁母猪淘汰，促使猪肉价格周期性小幅反弹，9 月达到顶峰后短暂回落，次年 1 月再次达到另一个小高峰［见图 6 - 2（b）］。每年的 9 月与 1 月分别是中国的传统佳节中秋节与春节，节日期间肉类的消费量较高，带动猪肉价格节节攀升。价格周期成分的变化趋势，按照波峰 - 波谷方法可以划分为 2 个大周期和 2 个小周期，分别是 2008 年 1 月至 2009 年 6 月、2010 年 4 月至 2012 年 7 月、2012 年 7 月至 2014 年 3 月和 2014 年 3 月至 2015 年 3 月。其中，前两个周期的持续时间长于后两个周期，波动幅度也较后两个周期大［见图 6 - 2（c）］。2010 年后猪肉价格的周期性上涨，与国家刺激内需增长的宽松货币政策有关，国际农产品、能源等大宗商品价格上涨的外部影响也对国内价格产生影响。此外，我国自然灾害造成部分地区蔬菜、水果产量下降以及随着工业化和城镇化推进，农产品、劳动力成本上升与需求上升也导致猪肉价格上涨。随机成分的变动往往没有任何规律，是价格波动的随机因子或噪声，突发事件的发生往往导致随机成分的剧烈波动。由图 6 - 2（d）可知，2011 年、2012 年及 2013 年随机成分均发生了超范围波动，可能与这一时期频繁暴发的病死猪肉事件、猪蓝耳病疫情等相关。图 6 - 3 H - P 滤波分解反映了猪肉价格波动的整体特征，2008 年 1 月至 2015 年 4 月全国猪肉零售价格呈缓慢上涨趋势，周期性变化明显。

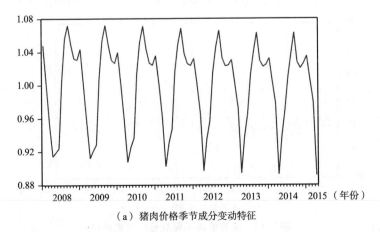

（a）猪肉价格季节成分变动特征

（b）猪肉价格趋势成分变动特征

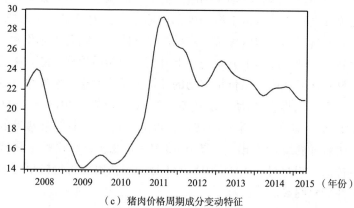

（c）猪肉价格周期成分变动特征

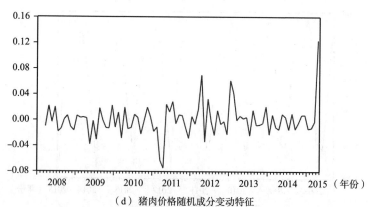

（d）猪肉价格随机成分变动特征

图6-2　猪肉价格不同成分的变动特征

资料来源：EViews 统计输出。

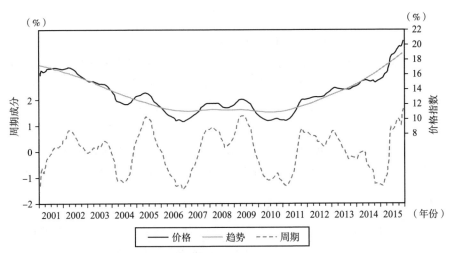

图 6 - 3　猪肉价格的 H - P 滤波分解

资料来源：EViews 统计输出。

第三节　猪肉价格波动的随机冲击效应分析

一、VAR 模型的建立

向量自回归模型简称 VAR 模型，是一种常用的计量经济模型，1980 年由克里斯托弗·西姆斯（Christopher Sims）提出。VAR 模型主要用于分析多个相关经济指标的变动特征趋势，其原理是用模型中所有当期变量对所有变量的若干滞后变量进行回归；其特点是主要用于估计联合内生变量的动态关系，而不带有任何事先约束条件；其优点在于在一定的限制条件下，VAR 模型可由多元 MA 和 ARMA 模型转化而来。因此，可用来分析随机因素对变量的系统冲击以及对变量的未来趋势进行预测，可以用来解释各种经济冲击对经济变量所造成的影响。VAR（p）模型如下式所示：

$$Y_t = A_1 Y_{t-1} + \cdots + A_P Y_{t-p} + BX_t + \varepsilon_t, \ t = 1, \ 2, \ \cdots, \ T \qquad (6-4)$$

式（6-4）中，Y_t 表示 k 维内生变量向量，X_t 表示 d 维外生变量向量，p 表示滞后阶数，T 表示样本个数，$k \times k$ 维矩阵 A_1，$\cdots$，A_p 和 $k \times d$ 维矩阵 B 表示待估计系数矩阵，ε_t 表示 k 维随机扰动向量。ε_t 可以同期相关，但不能与其滞后值和模型右边的变量相关。由于向量自回归模型的理论解释能力较差，其系数难以解释和分析，对 VAR 模型的分析主要采用脉冲响应函数和方差分解方法进行研究。

本书通过建立猪肉零售价格随机成分（PK_IR）和实际猪肉零售价格（PK）的向量自回归模型，考察生猪疫情突发事件对猪肉零售价格波动的随机冲击效应。VAR 模型建立的前提为相关变量必须是平稳数据。采用单位根检验来验证时间序列数据的平稳性，检验结果如表 6 - 2 所示。检验结果表明，变量 PK - IR 的检验统计量小于 1% 的临界值，拒绝原假设，时间序列为平稳性序列；变量 PK 的检验统计量大于 1% 的临界值，一阶差分后的检验统计量小于 1% 的临界值，即变量 PK 一阶差分后为平稳性的时间序列。

表 6 - 2 变量的单位根检验结果

变量	检验类型（c, t, p）	检验统计量	1%临界值	5%临界值	10%临界值	检验结果
PK	(c, t, 1)	- 2. 126230	- 3. 508326	- 2. 895512	- 2. 584952	不平稳
ΔPK	(c, t, 0)	- 5. 742196	- 3. 508326	- 2. 895512	- 2. 584952	平稳
PK_IR	(c, t, 3)	- 7. 104011	- 3. 508326	- 2. 895512	- 2. 584952	平稳

资料来源：EViews 统计输出。

表 6 - 3 为向量自回归模型的滞后期检验结果。滞后期的确定主要有似然比统计量、赤池信息准则、施瓦茨信息准则和汉南 - 奎因信息准则等。根据一般的判别标准，按照 AIC 和 SC 最小准则，即带星号最多的行表示根据准则选中的最优滞后期，因此应选择滞后期 3 作为最优滞后期，建立 VAR 模型并进行进一步的分析。

表 6 - 3 VAR 模型滞后期的确定

滞后期（Lag）	对数似然值（LogL）	似然比（LR）	最终预测误差（FPE）	赤池信息准则（AIC）	施瓦茨信息准则（SC）	汉南 - 奎因信息准则（HQ）
0	- 56. 54484	NA	0. 014549	1. 445552	1. 504674	1. 469272
1	61. 94088	228. 1947	0. 000861	- 1. 381256	- 1. 203890	- 1. 310094
2	89. 38074	51. 49210	0. 000483	- 1. 960018	- 1. 664407 *	- 1. 841415 *
3	90. 84950	2. 683656	0. 000514	- 1. 897519	- 1. 483663	- 1. 731474

资料来源：EViews 统计输出。

VAR 模型由于缺乏相应的理论基础，因此在实际分析中，其系数难以进行解释，主要通过进行脉冲响应函数和方差分解分析对 VAR 模型稳定性进行检验。结果如图 6 - 4 所示，设定 VAR 模型所有根模的导数都小于 1，即位于单位圆内，说明设定的 VAR 模型是稳定的。

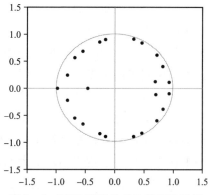

图 6 - 4　VAR 模型的单位根检验结果

资料来源：EViews 统计输出。

二、生猪疫情突发事件对猪肉价格的随机冲击分析

本书采用脉冲响应函数考察猪肉价格在生猪疫情突发事件冲击下的动态响应。脉冲响应函数（Impulse Response Function，IRF）是指系统在输入为单位冲击函数时的输出，通过在扰动项上加一个标准差大小的冲击，来反映变量的当前值和未来值所产生的影响。本书主要采用正交化和 Choleski 分解技术，建立猪肉零售价格和外部冲击的脉冲响应函数模型；主要采用 EViews 7.0 生成冲击响应的轨迹图。图 6 - 5 中横坐标表示生猪疫情突发事件发生后的时间间隔，为月度时间间隔；纵坐标表示猪肉零售价格对生猪疫情突发事件的冲击响应程度，虚线表示二倍标准差范围内的置信区间，为冲击反应函数估计的置信区间。

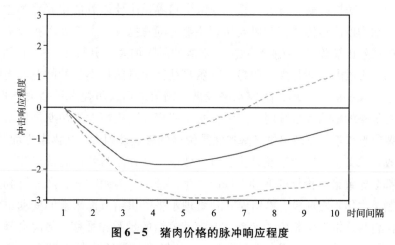

图 6 - 5　猪肉价格的脉冲响应程度

资料来源：EViews 7.0 统计输出。

　　生猪疫情突发事件对猪肉价格随机成分产生冲击效应，致使猪肉零售价格产生显著波动。脉冲响应函数分析结果表明，猪肉零售价格对随机冲击的响应为负值，猪肉价格的随机冲击导致零售价格反向变动程度加大。之所以出现这一现象，主要是由于生猪疫情突发事件较易引发食品安全问题，病死猪肉增加消费者的恐惧心理导致市场不能达到自发均衡，价格波动呈发散型蛛网特征。研究结果也印证了这一结论，即当猪肉零售价格随机成分发生一个标准差大小的信息变动时，猪肉零售价格从第 1 个月就开始响应，不存在时滞。猪肉价格随机冲击在前 4 个月表现出不断扩大的趋势，第 5 个月时达到最大值 0.31%，第 6 个月开始消减，反映出生猪疫情突发事件进入缓解与消退期。这主要是由于：（1）政府的救市政策开始发挥效力；（2）防疫与扑杀措施的实施较好控制了疫情。实证分析结果表明，随机成分对猪肉零售价格的影响大约持续 10 个月，之后猪肉零售价格缓慢恢复至正常水平。

　　方差分解主要用于考察影响内生变量结构冲击的贡献度。其原理是将系统中内生变量的变化按照其成分分解为不同方程随机扰动项，即信息相互联系的组成部分，分析不同信息对内生变量的重要性程度，主要以变量预测误差百分比的形式反映变量间交互作用变化程度的大小。猪肉零售价格和零售价格的随机成分对猪肉价格变动产生双重影响，对猪肉价格波动的解释力度体现在表 6-4 的方差分解结果中。猪肉零售价格波动主要是由随机冲击导致，随机冲击是猪肉零售价格波动的主要因素，10 个月的考察周期显示，64% 的猪肉价格波动是由随机冲击造成。从价格随机成分的动态变化来看，突发事件初期 40% 的波动是由随机冲击造成的，随着疫情的持续，第 5 期时达到最大 77%，之后稳定下降到第 10 期的 64%。这与我国的生猪养殖模式以及养殖户防控策略有很大关系。我国生猪养殖主要以分散化养殖为主，养殖户对动物疫情的传播扩散风险认识不够，随意抛弃、宰杀食用和贩卖病死畜禽的现象比较普遍，往往导致疫情扩散的风险加大，短期难以控制。此外，疫情初期阶段由于症状尚不明显，养殖户往往出现防控不足的问题。当疫情扩散达到某一阈值之前，防控水平较低；阈值之后，防控水平会大幅提高，疫情对价格的影响逐步减弱。猪肉自身价格变动在疫情发生初期是价格波动的主要影响因素，反映出供求基本面是价格的决定性因素。从需求方面分析，居民收入水平、人口数量及结构、节日效应、互补品与替代品价格等因素的变动都会导致猪肉价格的变动。同时，生产成本、养殖方式、产业链利益分配机制、生猪养殖规模、养殖模式和管理水平等供给方面因素的变动也将导致猪肉自身价格发生相应的变动。但随着疫情的扩散和推移，猪肉自身价格对猪肉价格波动的贡献度在不断降低，最终保持在第 10 期的 36% 左右。

表 6 - 4　　　　　　　　　　　猪肉价格方差分解结果

时期	标准差	EG	EG_IR
1	0.801188	100.0000	0.000000
2	1.417655	59.70264	40.29736
3	2.304082	31.27848	68.72152
4	3.044545	23.92539	76.07461
5	3.683707	22.94790	77.05210
6	4.165435	23.56440	76.43560
7	4.575826	26.41365	73.58635
8	4.878759	30.13238	69.86762
9	5.141717	33.68901	66.31099
10	5.300314	35.96190	64.03810

注：EG 的方差分解次序：EG，EG_IR。
资料来源：EViews 统计输出。

第四节　结论与启示

　　本书基于生猪疫情突发事件频发的事实，采用 2008 年 1 月至 2015 年 4 月的猪肉价格月度数据，运用向量自回归模型分析随机冲击对猪肉零售价格的冲击效应，并运用成分分解方法对猪肉价格波动进行分解，运用随机成分数据考察生猪疫情突发事件对猪肉价格的影响程度，主要结论如下。

　　第一，我国猪肉零售价格波动具有季节性和周期性特征。猪肉价格每年 4 月份开始上升，9 月份达到顶峰后短暂回落，次年 1 月再次达到另一个小高峰，1 月份之后直线下跌进入新的波动周期。猪肉价格的周期性、季节性波动与猪肉养殖的自然特征和居民消费需求周期相对应。因此，政府应构建全国性的生鲜农产品信息平台，扩大猪肉各环节价格信息流通渠道，确保信息传播的对称性，使农户了解猪肉价格的波动规律，并根据我国猪肉价格季节性波动规律，对猪肉贮备进行逆向操作，防止价格波动加剧。

　　第二，随机冲击对猪肉零售价格的影响达 64%，表明生猪疫情突发事件不同程度地对猪肉零售价格波动产生影响。因此，政府应不断完善检验检疫、生猪疫病防治等公共基础服务，统一实施病死猪的无害化处理，减少疫情对生猪出栏的影响。政府应实施疫病处理费用、屠宰环节病害猪损失补贴，明确因防疫需要而扑杀的生猪补助标准，着力集体提高防疫水平。在此基础上，防止不安全生鲜农产品流入市场，大力倡导养殖模式改变，积极推广规模化养殖场。

第三，生猪疫情突发事件对猪肉价格冲击持续 10 个月，市场在 10 个月后恢复至正常状态。疫情事件发生后半年内对价格的影响最大。因此，政府应加大应急响应力度，争取在疫情发生后第一时间启动应急预案，加强风险交流，确保散养户及时获知疫情信息从而采取防控措施，确保市场尽快恢复正常运行。

第七章

生猪疫情突发事件信息冲击对猪肉价格波动的 ARCH 效应

信息是猪肉市场稳定发展的重要基础。频繁的信息交流使得猪肉市场的波动性大大增强。信息冲击与猪肉价格互动越来越明显，对稳定猪肉市场、保障居民生活水平以及生猪养殖户收入增长产生显著影响。本书以 2008 年 1 月至 2015 年 4 月疫情信息数据与猪肉零售价格数据为样本，采用 PPM 模型考察突发事件信息冲击与猪肉零售价格的突变点，在此基础上运用 TARCH 模型实证分析信息对猪肉价格波动的冲击效应及其影响特征。研究发现：生鲜农产品突发事件信息与猪肉零售价格变点具有相关性，信息冲击对猪肉零售价格波动产生杠杆效应，导致猪肉价格波动呈现集簇性、非对称性、记忆性与持续性特征。因此，政府面对外部冲击应实施相机抉择的价格稳定机制，通过建立猪肉价格波动的风险预警体系，提前应对价格波动对相关行业与主体的冲击，确保猪肉市场稳定运行。

第一节 引 言

生鲜农产品突发事件的频繁发生对我国农业发展造成巨大冲击，导致生鲜农产品供应链上各相关主体的巨大经济损失及消费者信心降低，对我国生鲜农产品产业发展造成严重阻碍。针对这一问题，我国政府积极建立突发事件预警与快速响应机制，但政府的价格控制措施往往由于时滞效应，反而促使价格波动性的叠加，极大地影响了居民的正常生活，折射出生鲜农产品价格稳定机制建设的紧迫性，具体表现在三个方面。一是养殖户信息获得不及时、不对称，往往错过突发事件应对的最佳时机，导致随意抛弃、宰杀食用和贩卖病死畜禽的现象比较普遍，对我国居民食品安全产生巨大威胁。二是我国正处于养殖模式（散养为主，规模养殖快速发展）转变时期，散养往往导致事件信息传播的分散性与滞后性，信息传播机制明显滞后于养殖模式转变的需要，疫情快速传播导致猪肉价格大起大落。三是由于突发事件的发生具有不确定性和扩散性，受时间和专业人员约束，目前微观调查数据资料还非常有限，限制了信息冲击对价格波动影响程度的实证研究。

面对经济转轨与社会转型的新常态，我国社会结构呈现不稳定的特征，食品安全事件频发。生鲜农产品价格波动的规律与特征是理论界与政府关注的重点领域。信息冲击对价格波动的影响研究最早始于股票市场，安德森等（Andersen et al. , 2003）关注到股票市场信息释放导致资产价格大幅波动，价格的大幅波动与信息发布的时滞只有几分钟。但也有学者研究发现，价格波动并不能确定与之对应的具体信息事件，并非信息事件披露必然导致价格波动。因而，对信息冲击与价格波动相互关系的研究缺乏统一的结论。此外，以往研究主要集中于宏观层面探讨具体事件与价格波动的相互关系，而鲜见事件信息驱动价格波动的具体作用机理及作用程度的量化分析。因此，本书基于信息经济学视角，首先利用价格变点 PPM 模型确定突发事件信息与猪肉零售价格的变点相关性，然后采用 TARCH 模型考察生鲜农产品突发事件信息冲击对猪肉价格波动的影响，分析猪肉价格波动特征，探讨突发事件信息对猪肉价格波动的作用机理，以期为政府生鲜农产品价格调控政策的制定提供理论与实证依据，为保障生鲜农产品市场健康有序运行提供具有可行性的政策建议。

第二节　国内外研究现状

学者提出不同的理论，对农产品价格波动进行讨论与分析。如从供需角度分析价格波动的原因；也有学者认为引起价格波动的原因主要是外部冲击与内部结构变化，其中内部结构是决定性因素，反映其对外部冲击响应的方式与时滞。学者试图通过实证分析考察农产品价格波动的影响因素及传递路径，研究发现信息、汇率（刘春鹏和肖海峰，2019）和库存变动是主要原因。谢尔曼和韦斯（Sherman and Weiss，2015）研究发现，价格在生产者与消费者之间传递的非对称性主要由信息不对称导致，增加信息的流动性有助于减少价格固化问题。旺德姆（Wondemu，2015）、安炳基和李振硕

（Byeong and Hyunok，2015）、安斯加尔和克里斯蒂安（Ansgar and Christian，2015）等学者分别对谷物、水果供应链、奶制品和肉制品的价格传递进行研究，均证实存在非对称性。关于非对称传递决定因素的探讨是目前研究的重点，产品特性、消费者偏好、政府政策、菜单成本等均可导致价格的非对称传递。

国内关于信息冲击影响价格波动的研究主要集中于股市或期货市场。李正辉和徐亚丽采用实证分析方法，证实了我国农产品价格波动的不可重复性和非对称性，并绘制了市场信息冲击曲线，对结论进行验证。周祥军选取11 种生鲜农产品周批发价格作为研究对象，考察信息冲击对果蔬类生鲜农产品价格波动的影响程度，研究发现不同果蔬农产品价格波动受信息影响差异较大且呈现非对称性特征。对突发事件价格波动的影响研究表明，金融危机、网络舆情等突发事件均对相关产业市场与价格产生显著影响，导致价格波动的时间记忆性。针对农产品市场垂直价格传递与纵向市场联结关系的研究，发现纵向市场联结程度与非对称垂直价格传递呈正相关关系，即纵向市场联结程度的增强，导致价格传递非对称性加强。针对导致猪肉价格波动的因素，学者研究发现主要由生产成本、流通渠道、游资炒作、加工需求拉动、国际价格传导等导致。最新研究发现，信息不对称以及突发因素的扰动也是引起农产品价格波动的因素。信息失灵加大了农产品价格波动的概率，而采取定期的信息发布机制，做好信息的搜集整理、发布和传播管理有利于降低农产品价格波动的概率，防止价格大幅波动。许竹青的研究也印证了这一结论，其以豆角为例的研究发现，信息的有效供给能够显著提高易腐农产品的销售价格，但这种因果关系仅限于易腐农产品（豆角）。在完全竞争条件下，正是农户的分散决策以及缺乏有效信息这两个因素，导致猪肉价格波动的周期性。从信息经济学的角度，学者探讨信息对不同属性农产品价格波动的影响，发现信息对农产品价格波动影响显著，具有明显的非对称特点。对我国棉花价格波动特征的分析表明，我国棉花价格波动与美国棉花月报公布的棉花期末库存信息有直接关系。

从以上分析可以看出，学者的研究主要围绕农产品价格波动的原因、特征、传导机制与应对策略展开，这些研究加深了人们对价格机制的理解，但若忽略生鲜农产品突发事件频发这一重要背景则难以充分揭示信息冲击对价格波动的影响。同时，现有对生鲜农产品突发事件的研究主要集中于对消费者的反应、购买恢复行为、风险识别等方面的考察，而基于产业或市场数据分析突发事件中信息冲击的价格影响效应，并对外部冲击导致信息传递非对称性的机理进行分析的文献较少。此外，学者关注到信息不对称是导致非对称传递的重要原因，但大都采用理论推导进行论证，缺乏逻辑性较强的实证分析。因此，本书首先剖析生鲜农产品突发事件信息对猪肉价格波动的影响机理，分析信息对猪肉价格波动的影响机理并构建相关理论模型，通过PPM模型分析信息冲击与猪肉价格波动的相关性；然后运用TARCH模型考察生鲜农产品突发事件信息对猪肉价格波动的冲击效应，以期为完善政府宏观价格调控政策、防止信息不对称导致相关主体非理性预期而引致价格大幅波动提供理论与实证支持。

第三节　信息对猪肉价格的影响机理与理论模型构建

一、生猪疫情突发事件信息冲击对猪肉价格的影响机理

近年来，生鲜农产品突发事件频繁发生导致农产品价格忽涨忽跌，波动剧烈。对于价格超常规波动原因的研究始于价格跳跃是由突发事件引发的直觉观察。然而，学者研究发现除了供求等基本面因素外，信息对农产品价格冲击的作用机制存在显著差异。

首先，信息对农产品价格的影响主要是由于不同农产品交易模式下产业链各主体对信息渠道、信息源与信息冲击的响应不同导致。以疫情突发事件为例，养殖户获取信息的渠道主要包括私人信息、公共信息和俱乐部信息（专业协会），而规模养殖户和散养户获取信息的渠道不同，对疫情的响应不同，导致不同养殖户的过度响应或信息响应的时滞效应。如在事件初期，养殖户未意识到潜在的疫情对健康生猪的影响，并未对防疫进行投资。而随着事件的发展，当疫情发展扩散达到"临界点"和"饱和点"时，养殖户在疫情高发期大大增加防疫成本和用药成本，所花费防疫成本达生产成本的一半以上，导致生产成本大幅提高，从而直接拉动生猪价格蹿升；也有研究发现，由于信息不对称的存在以及据此做出风险判断的主观性，产生突发事件下的过度预防与迟滞效应，从而导致价格剧烈波动。

其次，政府的疫情控制政策具有双面性，虽然降低了疫病流行水平，但扑杀、防控等政策扭曲市场信号并降低了个人采取控制疫病措施的积极性。直接影响主要体现在两个方面：一是扑杀大大增加了养殖户生猪死亡的直接损失，供给的大幅下降导致价格上涨；二是生鲜农产品突发事件改变养殖户

对市场的预期，降低补栏积极性，导致新一期生猪存栏量下降。因此，疫情防控中的"政府失灵"和"市场失灵"等问题也在一定程度上增加了价格的波动性。

最后，面对突发事件后纷繁复杂的不确定信息，消费者获得的信息渠道不同，响应方式各异，往往产生非理性预期，导致价格的非正常波动，如大蒜、绿豆、生姜等农产品价格的非理性上涨。

由此可以看出，生鲜农产品突发事件各阶段的变化以及在这一过程中利益博弈各方根据信息变化进行的调整，往往导致均衡价格改变，从而产生价格的过度波动。

二、信息对猪肉价格波动影响的理论模型

基于我国的现实国情，农产品市场信息并不具有完全性，因此农产品供给者与需求者所掌握的信息具有非对称性，交易双方面临信息的外部冲击时，根据自己所具有的信息做出相应决策。如果信息的总量是一定的，农产品供给者获取的信息量为 $\eta_{(i)}$，农产品需求者获取的信息量为 $1 - \eta_{(i)}$，而生鲜农产品突发事件的发生具有不可预知性，从而引起双方交易行为的改变，导致均衡价格的波动。借鉴周祥军的分析方法，农产品批发价格模型为：

$$p = p_l + \eta_{(i)}(p_h - p_l) \qquad (7-1)$$

式（7-1）中，p_l 表示农产品供给者在市场中愿意接受的最低价格；p_h 表示农产品交易中需求方意愿支付的最高限价；$\eta_{(i)}$ 反映了供给主体信息掌握程度。

供给与需求的相互作用决定了农产品交易中的购买者与供应者所形成的最终期望价格 $E(P)$，且 p_l 小于 $E(P)$ 的期望 p_h，p_h 与 $E(P)$ 的差值为需求者的额外剩余价值，$E(P)$ 与 p_l 的差值为供给者的额外剩余价值。各方所获剩余的多少主要由面临突发事件时双方所获得的信息决定。

$$\begin{aligned} P &= E(P) + [P_l - E(P)] + \eta_{(i)}[P_h - E(P)] \\ &= E(P) + \eta_{(i)}[P_h - E(P)] - (1 - \eta_{(i)})[E(P) - P_l] \end{aligned} \qquad (7-2)$$

式（7-2）中，$E(P)$ 表示双方期望的基准价格；$\eta_{(i)}[P_h - E(P)]$ 表示供给者的额外信息剩余价值；$(1 - \eta_{(i)})[E(P) - P_l]$ 表示需求者获得的信息剩余价值。这表明双方可以根据掌握的信息来对价格进行调整，对供给者有利的信息提高了均衡价格，而有利于需求者的信息则降低了均衡价格。

第四节 信息对我国生猪价格影响的 实证模型构建

一、PPM 模型

变点问题（change point）最早由贝基（Page，1954）提出，其主要用于分析正态分布均值变化。主要指对于一个随机变量系列，某一时间点的存在导致序列前后的分布特征改变，该时间点即为序列中的变点。时间序列变点包括单变点和多变点问题。变点分析主要用于分析是否存在变点以及估计变点位置。生鲜农产品突发事件往往导致价格数据在事件发生前后质的变化。本书通过对变点位置与生鲜农产品突发事件时间节点的相关性分析，以期为考察生鲜农产品突发事件信息对猪肉价格影响提供依据。PPM（Product Partition Model）模型具体阐述如下。

假设 x_1，x_2，$\cdots$，x_n 为待分析的价格时间数据 1 序列，$I = \{1, 2, \cdots, n\}$ 为指标集合。假定 $\rho = \{i_0, i_1, \cdots, i_n\}$，$0 = i_0 < i_1 < \cdots < i_h = n$ 为 I 的一个随机划分，B 作为随机变量反映了 ρ 中区域个数的变化，由此原始数据可以划分为连续的 b 个子序列，可以表示为 $x_{[i_{t-1},i]} = (x_{i_{t-1}}, \cdots, x_i)'$，$r = 1$，$2$，$\cdots$，$b$。本书采用先验紧度设定方法，用 $c_{[ij]}$ 表示突变发生于 i 处时，导致下一次突变发生于 j 处的概率值。假设序列中任意点为变点的概率值为 p，则先验紧度说明突变点的发生时间序列为离散更新过程且独立同分布于几何分布。这种假设表明不同时期的变点不具有相关性。假设 x_1，x_2，$\cdots$，x_n 为一组随机变量，其边际分布密度为 $f_1(x_1/\theta_1)$，$f_2(x_2/\theta_2)$，$\cdots$，$f_n(x_n/\theta_n)$，θ_1，θ_2，$\cdots$，θ_n 是未知参数。对任意的 $i_{r-1} < i < i_r$，设定一个分化 ρ，参数表达式为 $\theta_i = \theta_{[i_{r-1}, i_r]}$，其中，各项 $\theta_{[i_0, i_1]}$，$\theta_{[i_1, i_2]}$，$\cdots$，$\theta_{[i_{r-1}, i_r]}$ 均独立。θ_{ij} 有先验分布 $\pi_{[i,j]}(\theta)$，$\theta \in \Theta_{[i,j]}$，其中，$\Theta_{[i,j]}$ 表示参数空间。此时，随机变量 $(x_1, x_2, \cdots, x_n; \rho)$ 服从 PPM 模型分布。

（1）ρ 服从乘积先验分布：$P(\rho = \{i_0, i_1, i_2, \cdots, i_b\}) = \dfrac{\prod\limits_{j=1}^{b} c_{[i_{j-1}, i]}}{\sum \varphi \prod\limits_{j=1}^{b} c_{[i_{j-1}, i_j]}}$，

其中，φ 代表将指标集合 I 分化成 b 个连续分化区间 ρ 的所有可能性，$\forall b \in I$。

（2）在某分化区间 ρ 的条件下，随机变量 x_1，x_2，$\cdots$，x_n 的联合条件密度是 $f(x_1$，x_2，$\cdots$，$x_n) \mid \rho = \{i_0$，i_1，$\cdots$，$i_b\} = \prod_{j=1}^{b} f_{i_{j-1},i_j}(x_{i_{j-1},i_j})$。

式中，随机向量密度 $f_{i_{j-1},i_j} = \int_{\Theta} f_{i_{j-1},i}(x_{ij-1_r}) \mid \theta\pi_{ij}\theta d\theta$ 简称为数据因子。

故若 $(x_1$，x_2，$\cdots$，x_n；$\rho)$ PPM，对于 $k = 1$，2，$\cdots$，n，在平方损失下，θ_k 的条件数学期望是：$E(\theta_k \mid x_1$，x_2，$\cdots$，$x_n) = \sum_{i=0}^{k-1} \sum_{j=k}^{n} r_{ij}^* E(\theta_k \mid x_{ij})$，$r_{ij}^* = P([ij] \in \mid x_1$，$x_2$，$\cdots$，$x_n)$ 为区间 $[ij]$ 后验关联度。ρ 的先验分布是：

$P(\rho = \{x_1$，x_2，$\cdots$，$x_n\} \mid p) = p^{b-1}(1-p)^{n-b}$，$b \in I$；

B 条件先验分布表达式为：$P(B = b \mid p) = C_{b-1}^{n-1} p^{b-1}(1-p)^{n-b}$，$b \in I$。

如果 ρ 的先验分布式为 $\pi(b)$，则 ρ 条件后验分布可以表达为：

$$P(p = \{x_1，x_2，\cdots，x_n\} \mid x_1，x_2，\cdots，x_n)$$
$$= \prod_{j=1}^{b} f(x_{i_{j-1},i_j}) \int_0^1 p^{b-1}(1-p)^{n-b}\pi(p)dp$$

此时，B 条件后验分布表达式为：

$$P(B = b \mid x_1，x_2，\cdots，x_n) = C_{b-1}^{n-1} \prod_{j=1}^{b} f(x_{i_{j-1},i_j}) \int_0^1 p^{b-1}(1-p)^{n-b}\pi(p)dp$$

$$(7-3)$$

二、TARCH 模型

TARCH 模型最早用于分析股票市场利好和利空消息对市场波动的杠杆效应。生鲜农产品突发事件导致消费者猪肉购买量大幅减少，价格大跌。生猪存栏量急剧下降，又往往导致价格大幅提高。本书以猪肉零售价格为样本，运用 TARCH 模型分析生鲜农产品突发事件中信息冲击对猪肉价格波动的影响程度。采用 TARCH 模型主要是由于该模型能够较好分析误差条件方差情况下可能存在的相关性问题，刻画时间序列所具有的异方差性与波动集簇性，并能够解决时变方差建模估计精度不足的问题。模型如下所示：

$$y_t = \chi'\gamma + \xi_t \qquad (7-4)$$

$$\delta_t = \omega + \sum_{i=1}^{p} \alpha_i \xi_{t-i}^2 \qquad (7-5)$$

其中，式（7-4）为均值方程，反映了被解释变量 y_t 与解释变量 χ 的线性关系；式（7-5）表示方差方程，δ_t^2 是 ξ_t 的条件方差。方差方程（7-5）表示 ARCH(p) 模型中残差项滞后的加权平方和。

ARCH 模型（Engle，1982）无法按照统一的标准确定滞后期，且在无限制约束条件下进行估计往往会导致无法满足 $var(u_t) \geqslant 0$ 的前提条件，故而存在一定的不足。博勒斯列夫（Bollerslev，1986）根据 ARCH 模型的特点对其进行改进，采用广义自回归条件异方差模型较好地解决了上述问题。通常来讲，GARCH(p，q) 模型表示高阶 ARCH 模型，即 GARCH(p，q) 模型在 ARCH(p) 模型方差方程中加入条件方差的滞后项，有利于提高模型的识别和估计精度。标准的 GARCH(p，q) 模型如式（7-6）所示：

$$\delta_t^2 = \omega + \sum_{i=1}^{p} \alpha_i \xi_{t-i}^2 + \sum_{j=1}^{q} \beta_j \delta_{t-j}^2 \tag{7-6}$$

式（7-6）中，ξ_{t-i}^2 为 ARCH 项，δ_{t-j}^2 为 GARCH 项，p 为 ARCH 项滞后阶数，q 为 GARCH 项滞后阶数，模型实现的充分条件要求 $\alpha_i \geqslant 0$ 和 $\beta_j \geqslant 0$，从而确定 δ_t^2 大于或等于 0。GARCH 模型中，δ_{t-j}^2 表示过去波动对经济变量波动的影响，而 ξ_{t-j}^2 表示外部冲击对经济变量波动的影响，α_i 和 β_j 分别表示外部冲击与前期冲击对本期波动的影响程度。

δ_{t-j}^2 与 ξ_{t-i}^2 反映了过去波动与外部冲击共同作用下的经济变量波动。因此 GARCH(p，q) 模型实质上反映了被观测系统的波动率变化机制。当 p=q=1 时，GARCH(1，1) 模型如下所示：

$$\delta_t^2 = w + \alpha_i \xi_{t-1}^2 + \beta \delta_{t-1}^2 \tag{7-7}$$

对 ARCH 模型进行变换以反映经济变量波动率的对称性，变换后的 ARCH 模型如式（7-8）所示：

$$\delta_t^2 = \omega + \sum_{i=1}^{p} \alpha_i \xi_{t-i}^2 + \gamma \xi_{t-1}^2 d_{t-1} + \sum_{j=1}^{q} \beta \delta_{i-j}^2 \tag{7-8}$$

当 p=q=1 时，可以得到 TARCH(1，1) 模型，其模型表示如下：
均值方程：

$$y_t = \alpha_0 + \alpha_1 \chi_{1t} + \cdots + \alpha_k \chi_{kt} + \xi_t \tag{7-9}$$

条件方差方程：

$$\delta_t^2 = \omega + \alpha_i \xi_{t-1}^2 + \gamma \xi_{t-1}^2 d_{t-1} + \beta \delta_{t-1}^2 \tag{7-10}$$

式中 $\gamma \xi_{t-1}^2$ 称为非对称效应项 TARCH 项，如果 $\xi_{t-1} \geqslant 0$，$d_{t-1} = 0$，或

$\xi_{t-1} < 0$，$LnC_t = 12.0021 + 0.0379LnPI_t - 0.0849P_t = 1$，则表述为：正面信息 $\xi_{t-1} \geq 0$ 对条件方差的影响为 α，负面信息 $\xi_t < 0$ 对条件方差的影响为 $\alpha + \gamma$。即如果 $\gamma \neq 0$ 时，表明模型正负项对条件方差的影响是不对称性的；当 $\gamma > 0$ 时，表明杠杆效应存在。因此，GARCH（p，q）中本期变量的波动可以由前期外部冲击与 α 的乘积加上变量前期的波动率与 β 的乘积以及常数项。

三、数据说明

生鲜农产品突发事件是多种因素共同作用的结果，包括疫情事件、人为疏忽、故意犯罪、自然灾害等。基于数据的可获得性，且生猪突发事件大多以疫情为主，本书采用疫情信息进行变点识别与分析。农产品市场作为农产品价格形成的平台，大量交易信息的存在有利于价格发现功能的实现。猪肉价格主要有仔猪、待宰活猪和去皮带骨猪肉价格，由于去皮带骨猪肉价格与市场价格联系最为紧密，本书选择去皮带骨猪肉价格作为零售价格，研究突发事件信息与猪肉价格波动的关系。[①] 由于疫情信息数据的限制，研究的时间范围为 2008 年 1 月至 2015 年 4 月。疫情信息指数的计算主要根据各地生猪疾病情况，从暴发范围、严重程度、传播速度等几个方面量化打分，综合得出指数序列，反映疫情变化形势。价格采用对相邻两期猪肉零售价格取对数并进行一阶差分的方式表示：

$$R = Ln(p_t) - Ln(p_{t-1}) \tag{7-11}$$

式中，P_t 表示第 t 月的猪肉零售价格，P_{t-1} 表示第 t - 1 月的猪肉零售价格。

四、实证分析

（一）样本数据的描述性统计

表 7 - 1 显示，猪肉零售价格均值为 2.889，符号为正，反映出样本区间猪肉零售价格具有不断提高的特征；标准差为 0.189，表明猪肉零售价格的波动幅度较小；表中偏度值为 - 0.323，其数据为负值，反映出向左倾斜

---

① 猪肉零售价格（MP）以及疫情信息指数月度数据（EP）来源于中国畜牧业信息网（http://www.caaa.cn）、布瑞克农产品数据库。

的波动特征；峰值为 1.739，其数值小于 3，表明并不具有尖峰厚尾特性；JB 正态检验结果为 7.353，P 值为 0.0253，证实猪肉价格波动的非正态分布特性。数据表明，序列可能存在 ARCH 现象。

表 7 − 1　　　　　　　　猪肉零售价格收益率的数据描述性统计

均值	最大值	最小值	标准差
2.889	3.130	2.553	0.189
偏度	峰度	JB	P 值
− 0.323	1.739	7.353	0.0253

资料来源：布瑞克农产品数据库。

（二）序列平稳性检验

时间序列数据分析的前提是验证数据的平稳性。如表 7 − 2 所示，采用 ADF 单位根检验测度时间序列数据的平稳性，ADF 统计量为 − 10.941，小于 1% 水平的临界值 − 3.509，表明该序列是平稳的。

表 7 − 2　　　　　　　　ADF 单位根检验结果

ADF 检验		T 统计量	P 值
		− 10.941	0.0001
检验的临界值	1% level	− 3.509	
	5% level	− 2.896	
	10% level	− 2.585	

资料来源：EViews 统计输出。

（三）确定均值方程

均值方程的确定需要明确其函数形式 $y_t = X\theta + \varepsilon_t$。均值方程的确定需要在单位根检验的基础上，保证其为平稳序列，前期值 y_{t-1}，y_{t-2}，$\cdots$，y_{t-p} 的自回归模型表示均值方程，即：

$$y_t = \theta_0 + \sum_{i=1}^{P} \theta_i y_{t-i} + \varepsilon_t \qquad (7-12)$$

对猪肉零售价格收益率序列进行自相关检验，结果如表 7 − 3 所示。

表 7 – 3　　　　　　　　　　　序列的相关和偏相关分析

序列	AC	PAC	Q – 统计量	概率
1	0.989	0.989	88.983	0.000
2	0.973	− 0.197	176.18	0.000
3	0.953	− 0.186	260.75	0.000
4	0.929	− 0.114	342.09	0.000
5	0.902	− 0.064	419.75	0.000
6	0.871	− 0.142	493.10	0.000
7	0.838	− 0.080	561.70	0.000
8	0.803	0.012	625.47	0.000
9	0.765	− 0.056	684.21	0.000
10	0.727	− 0.051	737.80	0.000
11	0.686	− 0.044	786.19	0.000
12	0.644	− 0.011	829.46	0.000

资料来源：EViews 统计输出。

从表 7 – 3 中的 Q 统计量和 P 值分析，该序列存在自相关。通过相关图和偏相关图分析，可用此序列建立一个 AR(1) 或 MA(1) 模型。进行 AR(1) 模型分析，得到均值方程为：

$$y_t = 0.995 y_{t-1} + \hat{\varepsilon}_t \qquad (7-13)$$

（四）ARCH – LM 检验

ARCH 效应判断主要是观察误差项二阶矩自回归。ARCH – LM 检验主要是验证是否存在自回归条件异方差，其检验原理是考察随机误差平方项及其滞后项。其原假设是所有系数同时为零，则表明存在 ARCH 效应。利用 EViews 7.0 软件，设置 lags 为 8，得到表 7 – 4 所示结果。

表 7 – 4　　　　　　　　　　ARCH – LM 检验结果

变量	系数	标准误差	t – 统计量	P 值
C	7.24E – 5	4.83E – 5	1.5002	0.138
RESID(− 1)	0.518	0.119	4.346	0.000

资料来源：EViews 统计输出。

对猪肉零售价格样本进行 ARCH 效应检验，F 统计量及 $T \times R^2$ 统计量的 P 值都小于 0.05，因此，在 5% 的显著性水平下，拒绝原假设，表明模型误差序列存在自回归条件异方差，具有 ARCH(1) 效应。

第五节　模型估计结果与讨论

一、生鲜农产品突发事件信息与猪肉价格波动相关性分析

2008 ~ 2015 年猪肉零售价格波动极不平稳，考察样本区间内共有 9 个异常波动突变点，其中，有 5 个上升突变点和 4 个下降突变点。仅 2011 年即产生两次最为剧烈的波动，分别为 2011 年 3 月至 6 月和 2011 年 6 月至 12 月，在这段时间内，我国分别发生了瘦肉精事件与沃尔玛超市假绿色猪肉事件。波动较为剧烈的另一个周期为 2012 年 12 月至 2013 年 6 月，2013 年，我国发生了多起与猪肉相关的食品安全事件，从时间节点的相关性来看，突发事件显著加剧了猪肉价格波动。对疫情信息突变概率与猪肉零售价格突变概率进行相关性分析，其相关系数为 0.184，说明突发事件信息与猪肉零售价格具有相关性变点。

二、生猪疫情突发事件信息冲击对猪肉价格波动的影响

TARCH 模型具有分析突发事件不同信息价格波动特征的功能。猪肉价格自相关检验和 ARCH 效应检验结果表明，残差平方序列存在 1 阶自相关，即模型误差序列存在自回归条件异方差。因此，均值方程设定为 AR(1)，方差方程的 ARCH 项设定为 7，得到 ARCH(7) 的方差表达式，由于 ARCH(7) 模型中 $\hat{\varepsilon}_t^2$ 的滞后项太多，尝试建立 GARCH(1, 1) 模型，标准的 GARCH(1, 1) 模型为：

$$\delta_t^2 = w + \alpha_i \xi_{t-1}^2 + \beta \delta_{t-1}^2 \qquad (7-14)$$

对上述方程进行估计，结果如下，均值方程为：

$$p_t = 0.914 p_{t-1} + \hat{\varepsilon} \qquad (7-15)$$

GARCH(1, 1) 方程为：

$$\sigma_t^2 = 0.000015 + 0.577 \hat{\varepsilon}_{t-1}^2 + 0.357 \sigma_{t-1}^2 \qquad (7-16)$$

GARCH - M 模型检验不显著，不需要建立 GARCH - M 模型。对信息冲击非对称性的考察采用 TARCH 模型，结果见表 7 - 5。

表 7 - 5 　　　　　　　　　　TARCH 模型估计结果

变量	系数	标准误差	t - 统计量	P 值
AR（1）	0.900	0.078	11.590.	0.000
方差方程				
C	1.09E - 5	6.85E - 5	1.5911	0.112
RESID（ - 1）^2	0.512	0.303	1.691	0.091
RESID（ - 1）^2 ×（RESID（ - 1）< 0）	- 0.474	0.283	- 1.676	0.094
GARCH（ - 1）	0.604	0.151	3.992	0.0001

资料来源：EViews 统计输出。

模型估计结果表明，ARCH 项系数 $\alpha = 0.512 > 0$，在 10% 的水平下通过显著性检验，GARCH 项系数 $\beta = 0.604 > 0$，在 1% 的水平下通过显著性检验，证实了猪肉价格波动集簇性特征的存在。这主要是由于猪肉生产本身存在一定的周期性，而政府政策往往倾向于抚平周期，降低价格波动性，宏观政策的滞后性与价格波动的相互作用导致猪肉价格本期较小的波动后面跟随下期较小的波动，较大的波动后面跟随较大波动。[1] 此外，生鲜农产品产业链较长，纵向产业链的高度组织化与横向产业链的分散化导致产业链各环节脆弱性较高。一旦发生突发事件，由于其复杂的演化规律，以及疫情范围、受影响生猪数量、风险沟通、信息发布时机等多方面因素的相互作用，很难在第一时间明确事件发展程度以及可能影响的范围，致使猪肉的供需始终处在不可控条件下，随着供应链纵向层级与水平层次的增加，各层次之间的委托代理关系将更为复杂，供应链各层级之间的反复博弈导致博弈的各方倾向于次优选择，从而导致供应链纵向与横向各节点之间信息扭曲现象的发生。而产业链不同主体信息获取能力与应对能力差异较大，由于信息传递的非对称性以及各主体应对价格波动风险方式不同，导致价格波动的集簇性大大加强。[2] 系数 α 反映了经济波动的外部冲击大小，当 $\alpha > 0$ 时，表明随着 α 的

---

[1] 罗万纯，刘锐. 中国粮食价格波动分析：基于 ARCH 类模型 [J]. 中国农村经济，2010（4）：30 - 37.

[2] Campell J Y, Hentschel L. No News is Good News: An Asymmetric Model of Changing Volatility in Stock Returns [R]. unpublished manuscript, Princeton University, 1990.

增大，其外部冲击对经济影响不断增强，而 α < 0 则意味着经济体具有自身稳定的性质，对外部冲击起到减缓作用。系数 β 反映了经济波动的记忆性特性，这意味着系数 β 越大，经济波动的记忆性越强，β > 1 表明经济现象具有放大前期波动的特性。ARCH 项系数 α = 0.512 > 0，GARCH 项系数 β = 0.604 > 0，表明猪肉价格波动具有记忆性和持续性，说明我国猪肉价格波动可能受到前期猪肉价格波动的影响；系数 α + β > 1 时，说明前期猪肉价格是当期猪肉价格波动的主要影响因素，反映突发事件对价格波动的影响会强化人们的预期，从而导致猪肉价格波动性的增强。

TARCH 模型分析结果如下。第一，RESID(−1)^2 × (RESID(−1) < 0) 项系数的 P 值为 0.0001，在 1% 水平下通过显著性检验，证明存在非对称的 TARCH 效应。γ = −0.474 < 0，表明外部因素对猪肉价格波动影响的杠杆效应显著，反映生鲜农产品突发事件等不利信息传播，对猪肉价格的影响更大。这种猪肉价格波动的非对称性主要是由波动反馈效应造成的。[1] 市场主体对负的价格变化更为敏感，坏消息对猪肉价格的冲击比好消息的冲击更大，增加的波动带来提高当期价格波动的效应与信息引起的价格波动相叠加，加剧波动的幅度。第二，市场参与者的决策行为主要根据自身所掌握的信息来对价格波动进行响应，频繁的价格波动对市场参与者的预期产生影响，某种农产品价格的持续下跌将促使市场参与者形成价格继续下跌的预期。但食品种类繁多，且食品风险信息专业性强，加上各地独特的饮食文化习惯，食品风险信息的复杂性往往使得不同消费者产生差异较大甚至相反的响应方式，从而加大价格波动的冲击。

第六节　结论与启示

以 2008 年 1 月至 2015 年 4 月猪肉月度零售价格与疫情信息数据为样本，采用 PPM 模型分析生鲜农产品突发事件信息与猪肉零售价格的突变点。在此基础上，运用 TARCH 模型考察信息冲击对猪肉价格波动的影响特征与影响程度。研究结果表明：生鲜农产品突发事件信息与猪肉零售价格具有突变点相关性。受信息冲击的影响，我国猪肉价格的月波动率序列随时间变化

---

① French K R, Schwert G W, Stambaugh R F. Expected Stock Returns and Volatility [J]. Journal of Financial Economics, 1987 (1): 3 − 29. Raviv H. A Differences of Opinion Make a Horse Race [J]. The Review of Financial Studies, 1993 (3): 473 − 506.

出现连续偏高或偏低的波动，从而表现出明显的波动集簇性特征，表明信息冲击易导致猪肉价格发生偏离正常程度的较大幅度波动。此外，猪肉价格波动具有杠杆效应，即生鲜农产品突发事件等负面信息比正面信息对价格波动的影响更大。这与我国产业链各环节市场力量差异密切相关，生猪散养户无法及时获得相关信息，或者相关信息获得是通过纵向产业链逆向传递；而突发事件具有突发性与紧迫性，致使养殖户缺乏响应与调整时间，加之缺乏信息搜集与处理的规模经济与成本优势，生猪养殖户承担了与自身获利不匹配的较高市场风险。信息不对称所具有的逆向压价效应，也使得生猪养殖者与消费者福利受损。

因此，针对突发事件信息与价格波动的显著相关性，政府应构建公共信息发布平台，发挥公共物品供给者的作用，建立生猪生产与猪肉价格波动的风险预警体系，保障市场主体及时准确获得相关信息。面对生鲜农产品突发事件，政府应完善相关应急预案，加大对价格波动与市场信息的监控力度，通过网络、媒体、电视等途径及时发布相关信息，科学引导消费者的理性消费行为，防止价格过度波动对行业及产业链主体的影响。基于猪肉价格波动的集簇性特征，政府应对生产、流通与市场的相关信息进行整合，及时预警突发性、趋势性与苗头性问题，加强对市场相关主体的有效引导。为避免价格波动的杠杆效应，应基于我国以散养户为主导致信息不对称的现状，大力实施生猪规模化养殖，通过设立养猪协会、规模化养殖场等方式，确保信息传递渠道的通畅与及时。此外，应完善农产品经纪人制度，建立农户与市场之间的桥梁纽带，提高产业链中生产者的市场力量，确保价格能有效传递至产业链源头。

第八章

生猪疫情突发事件对猪肉
价格传导的门限效应

基于 2008 年 1 月至 2015 年 4 月猪肉相关月度价格数据与生猪疫情数据，运用门限回归模型，对生猪疫情与猪肉价格之间是否存在门限效应以及对门限值进行估计与检验。研究结果表明，生猪疫情对猪肉价格波动的影响存在显著的双门限效应，其门限值分别为 0.1724 与 0.2102。疫情冲击的非线性是疫病自身发生发展、供给消费结构性突变与政府应对措施等共同作用的结果。疫情对猪肉价格具有显著的负向冲击效应。疫情初期猪肉价格波动不明显，疫情暴发期超过第一个门限值后猪肉价格波动性大大加强，跨越第二个门限值后猪肉价格波动趋缓。因此，政府猪肉价格宏观调控政策的出台应根据门限值相机抉择，门限值前遵循市场经济规律，门限值后直接采取价格控制措施，防止猪肉价格的过度波动。

第一节 引 言

研究表明，动物疫情致使我国畜牧业每年经济损失高达 1000 亿元，其中仅动物疫病导致的经济损失将近 400 亿元，凸显加强猪肉食品安全监管的必要性和紧迫性（李亮和浦华，2011）。预防和减少生猪疫情的发生，控制、降低和平抑价格异常波动引发的社会不稳定因素，既是政府实施社会管理与公共服务职能的需要，又对提高政府重大疫病应对能力、解决新常态下公共卫生问题，加快政府职能转变具有重要的现实意义。那么，生猪疫情究竟对猪肉价格波动造成了多大的影响？疫情冲击对猪肉价格波动的影响是否存在门限效应？本章通过定量测度生猪疫情对猪肉价格冲击的门限效应并分析其影响机制，以期为重大动物疫情应对与价格稳定政策创新提供理论与实证依据。

第二节 文献回顾

动物疫情对肉类价格的冲击效应备受学术界及社会关注。国外学者分析了美国、英国、韩国、菲律宾等国生猪腹泻、疯牛病疫情、口蹄疫和禽流感对所在国肉类市场的影响，发现疫情导致肉类价格波动性大大增加（Kim et al. ，2019；Pendell et al. ，2016；Lloyd et al. ，2006；Saghaian et al. ，2008；Acharya，2012；Abao et al. ，2014；Hassouneh et al. ，2011；Schulz and Tonsor，2015；Sanjuan and Dawson，2003；Leeming and Turner，2004）。汤普森等人（Thompson et al. ，2019）分析了高致病性禽流感暴发对市场可持续性的影响。而硕等人（Seok et al. ，2018）通过对禽流感疫情的产业链价格传导机制研究，进一步发现零售商和批发商利用市场势力在疫情期间增加了其利润空间。有学者认为猪流感疫情、手足口病、动物疾病危机等对农产品价格的影响随供应链的层次不同而不断变化（Attavanich et al. ，2011）。通过对土耳其禽流感疫情的研究发现，疫情导致消费者价格偏离市场均衡价格，而生产者价格具有黏性且响应缓慢（Mutlu et al. ，2015）。学者关注到猪肉价格与农产品价格的非线性调整，冯·克罗曼－塔巴德尔（VonCroman－Taubadel，1998）和阿卜杜莱（Abdulai，2002）分析了德国与瑞士市场猪肉价格的非线性门限效果，阿塞法等人（Asseta et al. ，2017）通过分析德国猪肉产业链发现零售商市场力量导致价格的不完全传递。

国内的研究主要集中于猪肉价格波动特征、原因、波动趋势以及传导机制等方面（李文瑛和宋长鸣，2017；曹先磊和张颖，2017；潘方卉和李翠霞，2015；董晓霞，2015；张海峰，2020）。如赵瑾等（2017）研究不同周期猪肉价格对正向冲击和负向冲击的非对称性反应特征，并从生猪养殖主体结构、养殖者价格预期、生猪市场交易机制三个方面解释猪肉价格非对称性波动的原因。而养猪成本刚性上升、疫情风险、环境约束、宏观经济的基本面、供求关系的季节性变化等因素均会对生猪价格波动规律产生影响（李志萌和杨志诚，2016；谭莹和王绪宁，2020）。胡向东和王济民（2010）分析了中国猪肉价格指数非对称变动机理，证明猪肉价格指数存在显著的门限效应。赵和吴（Zhao and Wu，2015）发现猪肉价格波动存在两个区间，当临界值大于 0.5881 时，猪肉价格将从缓和区间跃升至膨胀区间。总体来看，我国对疫情的分析主要集中于禽流感，发现疫情冲击是引起鸡蛋价格短期波动的主要原因（刘明月和陆迁，2013；刘明月和张淑霞，2014；蔡少杰和周应恒，2014；刘婷婷和应瑞瑶，2018；赵玉，2015；黄泽颖和王济民，2016；周力和刘常渝，2016；蔡勋和陶建平，2017；张颖娴，2020），而对生猪疫情价格冲击效应的研究较为少见。学者对疫情冲击效应与价格波动的研究集中于冲击时间、传导效应、冲击大小以及价格波动特征、波动趋势等方面，鲜见分析疫情对猪肉价格波动非线性影响的文献。因此，本书以2008~2015 年猪肉相关月度价格数据为基础，采用门限回归模型分析生猪疫情冲击对猪肉价格的影响，以期为政府宏观价格调控政策和产业恢复政策创新提供理论与实证依据。

第三节　理论模型与研究假设

价格是市场经济运行的基本表现形式，也是最重要的调节杠杆。猪肉价格不仅受气候、居民生活水平、替代品等供需因素的影响，生猪疫情也会对其带来较大冲击。生猪疫病突发事件打破了市场均衡状况，导致供给失衡。从生产者角度而言，疫情蔓延导致生猪大量发病死亡，养殖户为降低损失非正常性出栏，短期内市场上生猪供应大幅下降。从消费者角度而言，生猪疫情大大增加消费者恐慌，产生对猪肉消费的抗拒心理，寻求鸡鸭鱼肉、牛肉等替代产品，横向挤压猪肉产品的销售，导致猪肉市场的供求关系发生变化，从而迫使猪肉价格走低。而当消费者摆脱了疫病造成的心理阴影重拾对猪肉的信心时，由于生猪养殖周期性因素影响，却发现市面上猪肉供给短缺，肉价高涨。

此外，猪肉保质期短，要求全程冷链运输，与其他产品相比，风险脆弱性较高，疫情冲击导致猪肉生产流通相对薄弱的环节价格波动特征明显，产业链某些环节的薄弱特性被放大、凸现，加之产业链纵向市场整合日益紧密，加大了疫情对猪肉价格波动的影响，从而导致价格波动的非线性。疫情扩散存在临界点和饱和点，疫情扩散达到某一阈值之前，价格波动水平较低，但由于疫情暴发具有不确定性和扩散性，疫情病毒具有变异性和传染性，受时间和专业人员约束，一旦达到疫情流行的"临界点"，在两个阈值之间，价格波动水平大幅提高，呈现波动的非对称性（刘明月和陆迁，2013）。因此，提出如下研究假设：

假设 H_0：疫情冲击导致猪肉价格波动存在门限效应。在疫情扩散至某一阈值之前，对价格波动的影响程度较低，超过特定阈值之后，价格波动水平大大提高。

假设 H_1：猪肉价格波动的非线性是疫情自身发生发展演变、市场供求规律以及政府政策调控共同作用的结果。

第四节 计量模型与数据说明

一、门限回归模型

汤豪于 1978 年提出门限自回归模型（threshold auto-regression，TAR 模型），并在经济和金融领域得到了广泛应用，经过汉森等人（Hansen et al.，2002）的扩展，采用极大似然法对门限值进行估计。由于门限回归模型在处理非线性、结构突变问题上所具有的独特优势，以及解决样本有限性问题所采用的重复抽样方法，大大提高了门限效应的显著性检验效率。本书采用门限回归模型考察生猪疫情对猪肉价格波动的非线性影响。门限回归模型的基本定义形式如下：

$$y_i = \theta_1' x_i + \varepsilon_i, \quad q_i \leqslant \gamma \qquad (8-1)$$

$$y_i = \theta_2' x_i + \varepsilon_i, \quad q_i < \gamma \qquad (8-2)$$

式中，$i = 1, 2, 3, \cdots, N$，表示样本的不同个体；y_i 表示因变量，猪肉零售价格（MP）；x_i 表示自变量，包括饲料成本价（TP）和生猪成本价（CP）；q_i 表示门限变量，为疫情指数；γ 为根据模型测算的"门限值"γ；样本观测值可以被分为不同组，θ_1' 和 θ_2' 分别表示所在组样本回归系数；随机误差项 ε_i 符合 $iid(0, \delta^2)$ 分布。门限回归模型的分析过程可以简化表示为：

$$y_i = \theta_1' x_i + \delta_n' x_i(\gamma) + \varepsilon_i \qquad (8-3)$$

根据门限值的个数将数据划分为不同阶段，不同阶段具有相应的门限回归方程：

$$
y_i = \begin{cases}
\alpha_0^{(1)} + \alpha_1^{(1)} x_1 + \cdots + \alpha_\zeta^{(1)} x_\zeta + \varepsilon_t^{(1)} & \text{当 } x_i \leqslant \bar{x} \\
\alpha_0^{(2)} + \alpha_1^{(2)} x_1 + \cdots + \alpha_\zeta^{(2)} x_\zeta + \varepsilon_t^{(2)} & \text{当 } \bar{x} \leqslant x_i \leqslant \bar{x}_2 \\
\quad\quad\quad\quad\cdots\cdots \\
\alpha_0^{(r)} + \alpha_1^{(r)} x_1 + \cdots + \alpha_\zeta^{(r)} x_\zeta + \varepsilon_t^{(r)} & \text{当 } \bar{x}_{r-1} \leqslant x_i \leqslant +\infty
\end{cases} \tag{8-4}
$$

二、数据说明

本书研究数据来源于中国畜牧业信息网、布瑞克农产品数据库，疫情指数的计算主要根据各地生猪疾病情况，从暴发范围、严重程度、传播速度等几个方面量化打分，综合得出指数序列，反映疫情变化形势与严重程度。[1]生猪疫病主要包括蓝耳病、猪瘟、急性腹泻、高热。2008 年之前疫情数据严重缺失故并未考虑。本书采用居民消费价格指数剔除时间序列中的价格因素，从而保证数据的可比性。

第五节　疫情冲击对猪肉价格波动门限效应的实证分析

猪肉价格波动一直是学术界研究的热点问题。本书借助门限回归模型，将猪肉价格波动与生猪疫情联系起来考察两者之间的关系，同时分析饲料成本价、生猪成本价对猪肉零售价格波动的影响。

一、变量的选取

猪肉价格波动是多因素综合作用的结果。已有研究发现，生产成本变动对畜禽价格波动起到决定性作用，而疫情冲击是导致价格短期波动的主要原因（蔡少杰和周应恒，2014）。因此，本书采用 2008～2015 年猪肉相关月度价格与疫情信息指标为样本构建时间序列数据，其中，猪肉零售价格（MP）为被解释变量，饲料成本价（TP）、生猪成本价（CP）分别作为控制变量。基于本书的研究要求，根据门限回归原理可知，门限变量既可以是外生变量，也可以是内生变量，因此选取疫情指数作为门限变量，考察

---

[1]　具体参见布瑞克数据库网站 http：//www.ncpqh.com.

当疫情指数达到某一程度后，猪肉零售价格的走势及波动特征，剖析疫情对猪肉价格波动的影响，从微观层面解释猪肉价格波动的原因及波动幅度的大小。

二、实证分析

对时间序列数据进行处理，必须确定各变量的稳定性和序列相关性，需要对模型各变量进行单位根检验，以保证估计精度。表 8 - 1 为相关价格序列数据的单位根检验结果。在具有截距项和趋势项的情况下，猪肉价格以及相关变量通过 1% 水平下的显著性检验，说明是平稳序列数据，无线性相关性，可以建立门限回归模型。

表 8 - 1　　　　　　　相关价格序列数据的单位根检验结果

检验序列	检验类型	ADF 统计	Mackinnon 临界值		
			1%	5%	10%
Mp	(c, t, 11)	- 5. 711211	- 4. 068290	- 3. 462912	- 3. 157836
Tp	(c, 0, 11)	- 6. 850371	- 3. 508326	- 2. 895512	- 2. 584952
Cp	(c, t, 11)	- 6. 441760	- 4. 068290	- 3. 462912	- 3. 157836
Dg	(c, 0, 11)	- 3. 701909	- 3. 508326	- 2. 895512	- 2. 584952

资料来源：STATA 11.0 统计输出。

取生猪疫情指数作为门限变量，首先检验回归模型是否存在非线性的门限效应，采用自助抽样法检验是否存在门限值以及存在门限值时，门限值的个数。然后使用 STATA 11.0 中的加载软件包 xtptm，依次对不存在门限、一个门限和两个门限进行回归检验，结果如表 8 - 2 所示，单门限和双门限效应都非常显著，相应的自抽样 P 值均为 0.00，证明存在双门限值。

表 8 - 2　　　　　　　猪肉价格波动的门限检验结果

门限检验	F 值	P 值
单门限检验	7. 0443	0. 00
双门限检验	6. 5198	0. 00

资料来源：STATA 11.0 统计输出。

表 8 - 3 为单门限值回归结果。在单门限值回归下，普通回归结果显著，其 p 值在第一段与第二段分别为 0.0339 与 0.0459，证实原假设，即存在一

个门限值。但在双门限值回归估计下（见表8-4），主要控制变量生猪成本价对猪肉价格波动存在明显的正向效应，其系数为1.1176，即生猪成本价每提高1%，相应的猪肉零售价格提高1.1176%，剔除其标准差对模型中可能存在的异方差或自相关问题后，其p值系数在第一段与第二段分别为0.1052和0.1153，拒绝原假设。

表8-3 猪肉价格波动的单门限值回归结果

单门限值普通标准差回归				
变量	系数估计值	标准差	t统计量	P值
Cp	1.0856 ***	0.0921	11.7874	0.0000
Tp（第一段）	-0.0120 **	0.0053	2.2493	0.0339
Tp（第二段）	-0.0114 **	0.0054	2.1053	0.0459
单门限值稳健标准差回归				
Cp	1.0856 ***	0.0796	1306309	0.0000
Tp（第一段）	-0.0120	0.0071	1.6839	0.1052
Tp（第二段）	-0.0114	0.0070	1.6340	0.1153

注：*、**、*** 依次表示10%、5%、1%的显著水平。
资料来源：STATA 11.0 统计输出。

表8-4 猪肉价格波动的双门限值门限回归结果

双门限值普通标准差回归				
变量	系数估计值	标准差	t统计量	P值
Cp	1.1176 ***	0.0893	12.5123	0.0000
Tp（第一段）	-0.0125 **	0.0051	2.4694	0.0214
Tp（第二段）	-0.0136 **	0.0051	2.6396	0.0146
Tp（第三段）	-0.0122 **	0.0052	2.3676	0.0267
双门限值稳健标准差回归				
变量	系数估计值	标准差	t统计量	P值
Cp	1.1176 ***	0.0742	15.0586	0.0000
Tp（第一段）	-0.0125 *	0.0068	1.8548	0.0765
Tp（第二段）	-0.0136 *	0.0070	1.9506	0.0634
Tp（第三段）	-0.0094 *	0.0060	1.5646	0.0870

注：*、**、*** 依次表示10%、5%、1%的显著水平。
资料来源：STATA 11.0 统计输出。

　　在双门限值回归下，无论是普通回归或是稳健回归结果均显著，证实存在两个门限值的假设。表8-4的检验结果显示，单门限和双门限效应通过1%水平下的显著性检验，相应的自抽样P值均为0.0000，存在双门限值。由门限回归程序估计得到两个门限值分别为0.1724与0.2102。当疫情指数达到0.1724与0.2102时，门限回归函数发生变化，价格波动趋势发生偏转。在两个门限值下，样本数据被分割为三段，其回归系数分别为-0.0125、-0.0136与-0.0094。通过门限回归发现，疫情指数的变化对猪肉零售价格的影响存在"双门限效应"，两者之间具有区间效应的非线性关系，表明疫情指数与猪肉价格之间存在非线性价格波动特征。当疫情值低于第一个门限值0.1724时，疫情指数每提高1%，相应猪肉零售价格降低1.25%。当疫情介于0.1724与0.2102之间时，疫情对猪肉价格的影响进一步加大，疫情指数每增加1%，猪肉价格降低1.36%。；当疫情指数高于0.2102时，疫情指数每提高1%，猪肉价格降低0.94%，表明随着疫情发展，猪肉价格下滑速度降低。

　　根据门限回归模型的原理，门限估计值是似然比检验统计量LR为零时r的取值。图8-1为门限值检验的似然比函数图，图中的实线为门限变量似然比，虚线为5%显著性水平下的临界值，印证了在生猪疫情冲击下，猪肉价格波动存在双门限效应的命题。疫情对猪肉价格冲击的门限效应，是由于门限值以下猪肉价格的波动主要受供求影响，而门限值之间猪肉价格波动除了受供求因素的影响外，主要受疫情冲击、政府应对措施与信息传播叠加效应的影响，导致猪肉市场短期内发生结构性转变，价格波动突破门限值，是前期生产力遭到破坏报复性反弹的一种表现（胡冰川，2016）。此外，信

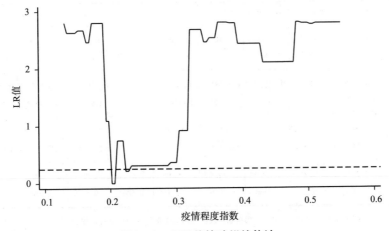

图8-1　门限值检验似然估计

资料来源：STATA 11.0统计输出。

息不对称的存在导致散养户早期疫情反应不足，而疫情程度达到门限值时往往又存在响应过度的问题，从而导致价格的超常规波动。

第六节　稳健性检验

本书通过采用分位数回归模型（quartile regression model）对疫情指数与猪肉价格之间的关系进行稳健性检验。分位数回归主要利用解释变量的多个分位数来得到被解释变量条件分布的相应分位数方程。与传统的 OLS 回归只得到均值方程相比，它可以更详细地描述变量的统计分布。表 8 - 5 给出了疫情指数影响猪肉零售价格的第 10、20、30、40、50、60、70、80 和第 90 个分位点的回归结果。根据表 8 - 5 的结果可以看出：生猪疫情对猪肉零售价格在各分位点的影响并不相同，在 10 ~ 70 分位点上影响程度逐渐增加，虽然并不显著，但在一定程度上反映出疫情发展与价格波动之间的相互关系；在 70 ~ 90 分位点上，影响程度在 10% 与 5% 的水平下显著。由表 8 - 5 可知，9 个系数呈现逐渐增大特征，70 分位点为最高点，即曲线值极点。疫情指数与猪肉零售价格之间表现出典型的倒 U 形曲线，说明随着疫情程度的加剧，对猪肉零售价格的冲击增大，验证了疫情冲击对猪肉价格波动的门限效应。

表 8 - 5　　　　疫情指数影响猪肉零售价波格动的分位数回归结果

变量	10 分位数	20 分位数	30 分位数	40 分位数	50 分位数	60 分位数	70 分位数	80 分位数	90 分位数
疫情	-0.1043	0.0233	0.0376	0.1088	0.0954	0.1218	0.1398*	0.1124*	0.1032**
	(0.1497)	(0.0898)	(0.0900)	(0.0818)	(0.0926)	(0.0838)	(0.0754)	(0.0575)	(0.0492)
饲料价格	0.8406	0.5319***	0.5251***	0.5875***	0.6040***	0.6811***	0.7010***	0.6623***	0.6476***
	(0.5130)	(0.1251)	(0.1204)	(0.0988)	(0.0926)	(0.0841)	(0.0817)	(0.0668)	(0.0585)
生猪价格	0.9369***	1.0913***	1.0589***	0.9657***	0.9014***	0.8373***	0.7532***	0.7141***	0.6724***
	(0.2094)	(0.0608)	(0.0651)	(0.0840)	(0.1040)	(0.0909)	(0.0763)	(0.0723)	(0.0651)
常数	-5.2335*	-3.3400***	-3.1759***	-3.2016***	-3.1407***	-3.4130***	-3.2753***	-2.9456***	-2.7301***
	(2.8071)	(0.6766)	(0.6506)	(0.5088)	(0.4864)	(0.5064)	(0.5266)	(0.4946)	(0.4517)

注：本表中不同分位点估计方程的 R² 都在 0.6 以上，本表中括号内为稳健标准误，＊、＊＊、＊＊＊ 依次表示 10%、5%、1% 的显著水平。

资料来源：STATA 11.0 统计输出。

疫情对猪肉价格冲击的门限效应是生猪疫情发生发展、市场供求规律以及政府政策调控共同作用的结果。当 λ_c 保持不变时，随着 β 变大或 γ 变小，当 $\lambda > \lambda_c$ 时，价格波动突破门限值；而在疫情传播速度固定条件下，δ 增大，则导致 λ_c 减小，从而使得 $\lambda > \lambda_c$ 价格波动突破门限值。这是由于一方面动物疫情具有隐蔽性强、潜伏周期长、暴发严重的特点，随着动物疫情的不断变异，新的疫情变种不断出现，而防疫技术与方法存在滞后性，导致市场应对滞后，从而引发价格波动的非线性。另一方面，我国处在散养向规模化养殖的转型期，生猪散养户在产业链中处于弱势地位，信息在小规模农户之间的传播存在一定的延时以及信号之间的竞争，导致免疫措施延迟。且疫情初期受生猪染病基数较小、养殖空间间隔以及生猪自身免疫力等因素的影响，其对价格的影响微乎其微。疫情暴发期感染猪只大幅度增加，养殖户为减少损失将大量生猪提前出栏从而产生集体出栏效应，而消费者基于食品安全考虑减少猪肉消费，导致猪肉价格急剧下滑。疫情的外部冲击从供给和需求两个方面打破了市场的原有均衡机制，引起猪肉市场供求发生结构性变化，从而导致猪肉价格波动突破门限值。随着疫情发展，防疫隔离措施的实施以及价格稳定政策发挥作用效力，疫情对猪肉价格的冲击效应降低。

第七节　结论与启示

本书基于 2008～2015 年猪肉价格与疫情指数等相关月度数据，探究生猪疫情对猪肉价格波动的影响，通过建立门限回归模型，分析生猪疫情对猪肉零售价格波动的影响，剖析猪肉价格波动的门限效应，研究得出如下结论。

第一，生猪疫情对猪肉价格具有显著负向冲击效应。其结论与舒尔茨和汤瑟（Schulz and Tonsor, 2015）相反，这主要是由于舒尔茨和汤瑟研究的猪腹泻疫情这一特殊亚种，主要对供给产生冲击而未对需求产生抑制，美国猪腹泻疫情导致猪肉价格上涨。而我国生猪疫情对生猪供给与需求均产生显著冲击，生猪集体出栏效应与消费的大幅减少导致猪肉价格下跌。因此，应关注疫情等外部冲击对猪肉价格的影响，建立猪肉价格与疫情联动的实时防控系统，减少畜禽疫病对生猪生产及价格的强烈冲击，做好疫病应急预案，确保生猪产业的健康发展。

第二，疫情对猪肉零售价格波动的影响存在"双门限效应"，门限值分别为 0.1724 和 0.2102，表明当疫情介于 0.1742～0.2102 之间时，猪肉价格突破门限值，以两门限值为界限分别对应不同的波动形势。因此，政府应健全市场信息传递机制，多途径引导养殖户掌握价格波动规律，价格波动在门限值外应尊重市场规律。价格波动突破门限值后，应执行相应的价格调控政策，减小或消除价格超常规波动造成的影响。相关部门应关注生猪、猪肉价格门限值及其在不同阶段的调整幅度，应急策略的实施应根据不同门限区间价格变动的非对称性划分为预警区域和响应区域，在门限区域内降低猪肉价格波动的幅度。

第三，疫情具有不可预测性与冲击剧烈性特征，阻碍市场主体的连续调整，导致价格波动的放大效应。只有当价格偏离均衡的幅度超过一定的门限（临界）值，调整收益大于调整成本时，市场主体才会做出调整，这种调整具有非连续与非对称性。由于门限效应的存在，导致疫情冲击的调整速度慢于一般非均衡的调整速度。因此，应综合考虑供求规律和疫情冲击特性，明确疫情对价格冲击的大小，做好价格调控和疫情控制措施，促使猪肉价格保持稳定状态，减少养殖户损失，降低其对居民生活的影响，保障居民生活水平。

第九章

生猪疫情突发事件对猪肉价格
传导的区制转移效应

本章采用 2008 年 1 月至 2015 年 4 月猪肉价格月度数据，运用两区制门槛向量误差修正模型分析生鲜农产品突发事件猪肉价格波动的区制转移特征，刻画外部冲击对猪肉市场价格波动非对称性的影响。研究结果表明，生鲜农产品突发事件对产业链不同环节猪肉价格的影响具有显著的区制转移特征，即猪肉生产者价格与零售价格在事件发生初期、暴发期与消退期存在显著差异。不同区制内，生鲜农产品突发事件对生产者价格与零售价格具有不同影响，外部冲击导致猪肉零售价格的调整幅度均大于生产者价格，且二者调整方向存在差异。因此，为降低突发事件对猪肉市场的影响，应根据价格波动的区制转移特征制定市场应对策略，并通过提高突发事件风险防范能力与完善预警机制降低外部冲击对猪肉市场波动的影响。

第一节　引　　言

食品安全事件冲击导致价格调整幅度与调整速度的变化也反映了产业链不同环节的竞争程度与调整能力。我国农业部《全国生猪生产发展规划（2016—2020 年）》提出，推动全产业链一体化发展，实施"互联网＋生猪"发展战略，加快产业转型升级和绿色发展。食品安全问题一直是社会关注的热点问题。生鲜农产品突发事件的频繁发生不仅对市场供需造成冲击，引发生鲜农产品价格的剧烈波动，而且引发消费者的食品安全恐慌，从而引发舆情危机甚至社会公共安全问题。

第二节　文献回顾

对价格波动与突发事件的研究主要从两个方面展开。

第一个方面是食品安全事件对市场价格的影响。国外关于食品安全事件对农产品价格冲击方面的研究主要是通过误差修正模型、历史分析法等对农产品价格影响进行实证分析。例如，哈苏奈（Hassouneh et al.，2010）采用区制转移误差修正模型研究西班牙疯牛病对牛肉不同市场间价格传递的影响。阿宝（Abao，2014）运用误差修正模型（ECM）和历史分解方法，探索了口蹄疫（FMD）对印度生猪产业的影响。研究结果表明：口蹄疫对猪肉、鸡肉批发价格以及贸易利润都产生极大影响，短短一个月时间，猪肉批发价格降幅达 15.7%，鸡肉批发价格下降 14.2%、零售价格下降 10.5%。哈苏奈分析了食品安全事件对埃及禽类市场的冲击，发现禽流感危机范围对市场价格调整具有重要影响。危机发生期间，销售商能够利用其市场力量增加利润，而批发商的利润下降。

国内研究方面，学者关注到食品安全产生的内在原因，认为通过产量竞争提高市场集中度更有利于改善食品安全水平（张雄，2016）。李清光等（2016）、邹思和王婵（2016）分析了我国食品安全事件的时空分布特点，发现食品安全事件集中度较高的地区大多为东南沿海地区，传播中相邻地块影响较大，横纵交替传播的轨迹较为明显。对食品安全事件后消费者购买意愿波动的研究发现，短期内受消费者负面情绪与个体态度的影响其购买意愿大幅下降，而远端防御情形下政府监管与企业履行社会责任有利于消费者购买意愿的恢复。程培罡（2015）应用卡特和史密斯（Carter and Smith，2007）提出的替代品相对价格法，分析了瘦肉精事件对猪肉市场价格的冲击效应。结果表明，瘦肉精事件发生之前猪肉和牛肉相对价格存在协整关系。在央视报道瘦肉精事件之后约半年出现第一个结构断点，第二个结构断点发生在 2012 年 4 月初，这意味着食品安全事件对市场价格的冲击效应持续半年多的时间。进一步应用误差修正模型估计价格冲击效应大小的结果表明，在此期间猪肉价格平均下降了 30.3%，而替代品牛肉价格略微上涨，上涨幅度约为 8.2%。突发事件加剧了供需矛盾，对生鲜农产品价格波动起到推波助澜的作用（毛学峰和曾寅初，2008；孙瑞，2016）。国内研究主要集中于分析突发事件对农产品市场价格波动的影响规律、传导效应和对产业链不同主体的影响（王慧敏和乔娟，2011；杨艳涛等，2020）。学者采用历史分解法、Nerlove 模型、VAR 模型等分析瘦肉精事件、禽流感等突发性疫情对农产品产业链价格传导、供给反应以及冲击效应等（顾金峰，2016；辛翔飞等，2017；刘明月和陆迁，2013）。在分析农产品价格波动的影响因素时，引入风险因子，研究面对突发事件时资本供应链的最优协调策略（柴文龙，2017；邓云和王华，2019）。突发事件造成新产品和再造产品的价格与成本同时发生扰动时，新的 ORP – RRP 契约能够实现突发事件发生后风险厌恶闭环供应链的协调（霍良安等，2017）。

　　第二个方面是农产品价格波动研究。近年来，产业链纵向价格非对称传递问题受到学者的广泛关注。这主要是由于随着食品与流通部门产业集中度的提高，产业链各环节的竞争程度与市场能力也各不相同，从而引致价格传导速度与调整能力的改变。产业链价格冲击引发产业链不同环节价格变化程度各不相同，这既与冲击方向（正或负）有关，同时也受到不同环节主体市场力量的影响（Azzam and Pagoulatos，1990；吴登生等，2011；王明利和李威夷，2010）。对产业链价格纵向传递的关注主要源于食品安全危机对产业价格的冲击，如劳埃德（Lloyd，2006）和哈苏奈研究发现，食品安全事件对生产者价格与消费者价格的影响并不相同，零售价格下降的幅度低于生产者价格，因此，农户成为损失的主体。有学者分析了禽流感暴发对土耳其禽类市场的影响（Saghaian et al.，2008）。研究发现，疫情发生初期，零售与批发价格的下降幅度高于生产者价格，然而零售价格与批发价格恢复较快，生产者价格恢复缓慢。这主要是由于订单农业的影响，导致短期内销售商利润下降，而长期内农户利润降低。也有学者研究食品召回与疫情暴发对美国牛肉与猪肉市场价格垂直传递的影响。研究发现，疯牛病导致产业链间零售与批发价格传递的非对称性，显示出零售商的市场力量对价格传导机制的作用（Capps et al.，2013）。研究发现，2006 年以来全球食品价格指数大幅波动并不是由于粮食短缺造成的。2006～2008 年中期世界主要农产品的美元价格急剧上升，2008 年下半年价格急剧下跌，2009 年又恢复到平均水平（Gilbert，2010）。导致农产品价格波动的长期影响因素主要包括天气、汇率、消费结构变化，短期影响因素则为贸易政策和石油价格，外部影响因素主要为投机（Headey，2010）。人口增长和可用土地减少是影响食品价格波动的主要因素（Simelton，2010）。在此基础上，学者通过构建门限自回归模型实证检验了投机、货币供应量等外部冲击因素对食品价格的影响（Adammer，2012；Yu，2014）。国内对农产品价格波动的研究主要集中在波动特征和影响因素方面。学者采用 GIS（Geographic Information Science，地理信息科学）技术和空间统计分析方法、空间相关性分析法，研究农产品价格在剧烈波动时期的空间自相关性特征和空间分布格局（黄锋等，2016；胡小桃和赵玉龙，2016）。在分析农产品价格波动现状、分类和变化特点的基础上，发现农产品价格波动的异质性、聚类性、黏性、周期性特征，并对比了外向型农产品价格的波动特点（淮建军和刘金昌，2016；罗贤慧和廖康礼，2016；刘瑶，2017；刘金全等，2019）。对农产品价格波动的影响因素分析，国内学者主要从供给、需求和宏观经济方面进行了成因分析。供求关系是我国食品价格波动的主要原因（杜两省，2012；钞贺森和戈阳，2017）。供给因素主要包括生产资料成本、劳动力成本、流通成本、气候因素、农业技术、国际石油价格等。张兵兵和朱晶（2016）采用 CF 滤波法对国际原油、国际天然气以及大米、小麦、玉米和大豆等国内农产品的价格波动水平进行了测度，从传导路径、国际因素、随机因素等方面对造成我国农产品价格巨幅波动的原因进行分析（刘导波和严玉珊，2017；张义博，2016）。研究发现，我国消费结构变化、城乡居民粮食消费总量增长、畜产品需求快速增长，拉动了蛋禽类价格上涨（钟甫宁，2012）。

总体而言，学者的研究具有以下三个主要特征。一是主要围绕农产品价格波动特征与传导机制展开。这些研究加深了人们对价格波动传导机制的理解。我国目前正经历散养户大量退出市场、猪肉规模化养殖不断发展的转型时期，若忽略产业链结构变化这一重要背景则难以充分揭示突发事件对价格冲击以及产业链传导变化的影响。二是现有对食品安全事件的研究主要集中于对消费者的反应、购买恢复行为、风险识别等方面的考察，而基于产业或市场数据考察食品安全事件的价格冲击效应，并对产业链不同环节传导机理进行分析的文献较少（程培堽，2015），尤其是我国生鲜农产品突发事件主要发生在生产与零售环节，但鲜见对其价格传导的分析。三是大量研究表明生鲜农产品价格传递具有非线性、非对称性特征，学者普遍认为库存管理、菜单成本、市场不完善、政策调控以及成本调整是导致价格传导非线性的主要原因。虽然突发事件等外部冲击的影响已经广受关注，然而，实证分析生鲜农产品突发事件对产业链不同主体价格传导的文献仍然较为少见。

因此，本书基于 2008 年 1 月至 2015 年 4 月猪肉生产者价格与零售价格月度数据，探讨突发事件冲击的产业链传导机理，采用区制转移向量误差修正模型分析生鲜农产品突发事件沿产业链传导的区制转移特征与非对称性，以期为政府宏观价格调控政策和产业恢复政策的创新提供理论与实证支持。

第三节　理论模型与数据来源

一、理论模型

（一）产业链升级模式与食品安全事件对猪肉价格波动的作用机理

生鲜农产品属于完全竞争性产品，随着居民生活水平的提高以及西方饮食文化的流行，人们对蛋白质含量高、新鲜营养的生鲜农产品消费需求增加。经济、社会、文化环境的改变以及供给、需求模式的变化，直接推动了生鲜农产品产业链的升级。冷链的发展、产业链条缩短以及在大城市周边布局产业带，加速了产业链的分化与整合。我国农业产业链正在从整合发展阶段走向联动发展阶段，对提升农产品竞争力具有重要意义（张敏，2015）。伴随着产业链各主体集中化程度的提高，农产品价格与市场结构随之改变，市场参与者的非合作博弈致使农产品价格在合理区间内稳步提高，农产品市场主体逐渐由农户转为农业合作组织，产业链的中间环节逐步缩短，产业体系逐渐呈现扁平化特征；农产品市场将从"近完全竞争"转向"垄断竞争"，继而转向"亚垄断"市场，供给市场的高度组织化也会加速农业产业链的拓展与延伸（王波，2016）。农业产业链的升级和发展有利于各个环节与不同产业相互融合形成新的农业业态，从而有效提升农业生产效益，促进农业可持续发展。产业链升级促使生鲜农产品传统产业链（农资—生产—批发—零售）升级为批发商与农户开展的"订单农业"模式、农户与超市等零售商对接形成的"农超对接"模式以及"合作社直销"模式。

产业链升级背景下食品安全事件对猪肉价格波动的作用机理主要通过市场力量与市场结构改变、交易成本变化、价值链调整等作用于市场供给和需求（赵晓飞和李崇光，2012），从而对产业链各环节形成价格放大或缩小效应。首先，随着市场竞争加剧以及产业链主体对利润的追求，超市以及大型物流中心的崛起成为市场力量与市场结构变化的主要形式，导致批发和零售商之间市场势力的不对称，零售商更有能力利用产品价格信息的优势，通过价格传递的不完全来提升市场势力溢价水平。就其发展趋势而言，现代零售业将逐步囊括所有产销环节发展成一体化部门，或者与采购中心、合作社、集运商合作进行直接采购。面对外部冲击，市场力量强大的产业链主体更有能力应对价格突变，降低价格波动的频率与幅度。其次，产业链升级与交易成本变化息息相关，我国农产品产业链各主体为降低交易成本，着力实施渠道战略"双重化"、渠道结构"扁平化"、渠道主体"组织化"、渠道运作"信息化"、渠道终端"连锁化"、交易方式"现代化"等战略，当产业链各主体利益格局发生变化时，为降低交易成本，"订单农业""农超对接""合作社直销"等新的产业链模式应运而生，减少了流通环节、交易频率以及交易的风险。但由于流通环节减少，当面对突发事件时，可能会加大价格波动的不确定性。最后，从价值链的角度而言，生鲜农产品产业链升级反映了价值链由低技术水平、低附加值向高附加值演变的过程，而在这一过程中，产业链主体利用自身在价值链环节上的竞争优势选择相应产业链升级模式，做出的价值链调整与市场力量、交易成本等因素相互作用，导致产业链权力的不平衡性和结构非对称性，加之外部冲击等不确定因素，导致价格波动的非对称性以及放大性。基于以上分析，提出如下研究假设。

假设 H_0：食品安全事件导致猪肉价格波动的非线性效应。由于产业链升级，市场力量与结构的改变、交易成本变化以及价值链调整等的相互作用，导致外部冲击对产业链价格影响具有区制转移特征。

假设 H_1：产业链升级背景下，"订单农业""农超对接""合作社直销"模式应对突发事件外部冲击的价格传导机制具有不同的特点，反映出产业链升级对外部冲击价格波动作用机制的影响。

（二）区制转移误差修正模型

区制转移向量误差修正模型（regime-switching vector error correction model，RSVECM）是区制转移自回归模型（regime-switching autoregressive model）的多元形式。RSVECM 模型能够揭示价格调整中潜在的非线性问题并应用于价格的短期波动中，同时将危机程度与价格区制转移相结合。当外部冲击导致价格在不同区间具有不同类型时，不同的区间采用不同的参数估计方法。为了刻画这种结构性转变特征，借鉴哈苏奈和穆特鲁等人（Mutlu et al.，2014）的分析方法，其模型分析如下所示：

$$P_{rt} - \alpha - \beta P_{ft} = v_t \tag{9-1}$$

式中，P_{rt} 表示消费者价格，P_{ft} 表示生产者价格，v_t 表示乔纳斯（Johansen，1988）协整向量的残差。P_{rt} 与 P_{ft} 协整关系的确定需要 v_t 保持平稳性，而 v_t 的平稳性主要依赖于自回归过程：$\Delta v_t = \rho v_{t-1} + e_t$。当 β 接近于 1 时，表示平稳性偏离长期均衡且证明协整关系的存在。在一个三阶段区制转移自回归模型（RSVAR）中，可构建模型：

$$v_t = \begin{cases} \rho^{(1)} v_{t-1} \text{ if } -\infty < s_{t-1} \leqslant c_1 \\ \rho^{(2)} v_{t-1} \text{ if } c_1 < s_{t-1} < c_2 \\ \rho^{(3)} v_{t-1} \text{ if } c_2 < s_{t-1} \leqslant +\infty \end{cases} \qquad (9-2)$$

式中，$s_{t-1} = NDX_{t-1}$，表示与区制转移行为相关的变量，c_1 和 c_2 表示不同区制的门限值，$\rho^{(1)}$、$\rho^{(2)}$、$\rho^{(3)}$ 为衡量价格偏离长期均衡时的速度调整参数。三阶段区制转移向量误差修正模型（RSVECM）可以表示如下：

$$\Delta P_t = \begin{cases} \alpha^{(1)} + \alpha_P^{(1)} v_{t-1} \Delta P_{t-i} + \sum_{i=1}^{P} \alpha_i^{(1)} \Delta P_{t-i} + \alpha_s^{(1)} \Delta NDX_{t-1} + \varepsilon_t^{(1)} \text{ if } -\infty < NDX_{t-1} \leqslant c_1 \\ \alpha^{(2)} + \alpha_P^{(2)} v_{t-1} \Delta P_{t-i} + \sum_{i=1}^{P} \alpha_i^{(2)} \Delta P_{t-i} + \alpha_s^{(2)} \Delta NDX_{t-1} + \varepsilon_t^{(2)} \text{ if } c_1 < NDX_{t-1} \leqslant c_2 \\ \alpha^{(3)} + \alpha_P^{(3)} v_{t-1} \Delta P_{t-i} + \sum_{i=1}^{P} \alpha_i^{(3)} \Delta P_{t-i} + \alpha_s^{(3)} \Delta NDX_{t-1} + \varepsilon_t^{(3)} \text{ if } c_2 < NDX_{t-1} \leqslant +\infty \end{cases}$$

$$(9-3)$$

式中，$\varepsilon_t^{(n)}$（$n = 1, 2, 3$）为模型的残差，P_t 表示生产者与零售者价格向量，一阶差分后生鲜食品安全报道信息（ΔNDX_{t-1}）作为变量进入 RSVECM 模型，捕捉食品安全事件对价格波动的短期冲击。对 RSVECM 模型的估计主要采用迭代似不相关回归模型，首先进行栅格搜索确定区制转移参数（c_1 和 c_2）。每个区制参数的确定主要采用搜索门限值的方法。通过栅格搜索可以降低残差方程中方差与协方差矩阵的对数值。

Sup – LR 检验主要用于检验不同区制参数的统计显著性。通过与线性 VECM 模型和 RSVECM 的对比计算，得到：

$$LR = T\left(\ln\left|\hat{\sum}\right|\right) - \ln\left|\hat{\sum}(\hat{\lambda})\right| \qquad (9-4)$$

式中，$\hat{\sum}$ 是 VECM 模型残差的方差协方差矩阵，$\hat{\sum}(\hat{\lambda})$ 是 RSVECM 模型残差的方差协方差矩阵，T 表示观察值的数量。由于其不符合标准分布，因此采用自举法来估计 sup – LR 检验的 P 值。

（三）生鲜农产品突发事件信息指数

本书的主要目的是分析不同产业链模式下食品安全事件对猪肉产业链不同主体价格波动与价格传导的影响。已有研究表明，食品安全事件的发生导致相关产业受到巨大影响以及价格的剧烈波动。食品安全事件的严重程度对价格波动的程度产生显著影响，因此预计食品安全事件越严重，则价格波动程度越大。由于直接估计食品安全事件的范围与严重程度较为困难，本书借鉴布朗和施拉德（Brown and Schrader，1990）的研究思路，通过构建食品安全事件信息指数反映突发事件的严重程度。本书的数据来源于2005～2017年媒体报道的3448起食品安全事件，采用相关月度报道新闻数量代表食品安全事件严重程度。食品安全事件信息指数可以用如下模型表示：

$$NDX_i = \sum_{i=0}^{n} W_i N_{t-i} \quad (9-5)$$

式中，N_{t-i}表示在 $t-i$ 期间相关报道数量，n 表示滞后期，W_i 表示由于滞后期 i 导致的权重的立方。具体参见 Chern and Zuo（1997）。

二、数据来源

本书选取 2008 年 1 月至 2015 年 4 月生猪价格和去皮带骨猪肉价格表示生产者价格和零售价格。猪肉零售价格以及生猪价格主要来源于农业部畜牧业司网站、商务部网站、中国畜牧业信息网、布瑞克数据库等，生鲜农产品突发事件新闻报道主要来源于 2005～2017 年媒体报道的 3448 起食品安全事件。为剔除通货膨胀对价格的影响，采用 CPI 指数对价格进行平减。

第四节　实证分析

一、平稳性检验

考察食品安全事件对产业链各环节价格传导的影响需要保证数据的平稳性。使用 ADF 检验和 KPSS 检验法检验猪肉零售价格、生猪成本价、白条猪肉价格、仔猪价格和疫情信息时间序列数据的平稳性，检验结果表明在 1% 的水平下接受原假设，以上序列均为非平稳时间序列，结果见表 9 - 1。

表 9 - 1　　　　　　　　　　时间序列数据平稳性检验

变量	ADF 检验		KPSS 检验	
	levels（lag）	Difference（lag）	ηu	η_ζ
猪肉零售价格 pl	-1.141（0）	-5.885（0）***	0.509	0.086
白条猪肉价格 bj	-1.475（0）	-5.798（0）***	0.286	0.105
生猪成本价 pc	-2.048（0）	-6.525（0）***	0.163	0.098
仔猪价格 zj	-2.016（0）	-6.653（0）***	0.085	0.061
食品安全事件信息 AI	-3.480（0）	-6.963（0）***	0.167	0.170

注：*** 表示 1% 的显著水平。

资料来源：STATA 11.0 统计输出。

二、协整性检验

分析食品安全事件对不同产业链模式下各环节价格的影响，需要考察不同环节价格之间的协整性。分别对非平稳序列猪肉零售价格（pl）、生猪成本价（pc）、猪肉零售价格（pl）、仔猪价格（zj）以及白条猪肉价格（bj）和仔猪价格（zj）使用 johansen 协整检验方法进行协整性检验，λ_{trace} 检验和 λ_{max} 检验分别在 5% 和 10% 的水平下拒绝原假设，表明验证的猪肉零售价格、生猪成本价、猪肉零售价格、仔猪价格以及白条猪肉价格和仔猪价格之间存在协整性（见表 9 -2）。从长期来看，上一环节价格的升高会引起产业链下一环节价格的升高，反之引起下降。

表 9 - 2　　　　　　　　　　时间序列数据协整性检验

模型	λ_{max}		λ_{trace}		
	r = 0	r = 1	r = 0	r = 1	lag
零售价和成本价	13.56*	2.15	15.71**	2.15	2
零售价和仔猪价	17.73*	8.90	25.87**	12.52	2
白条猪和仔猪价	18.09*	8.73	25.87**	12.52	2

注：*、** 依次表示 10%、5% 的显著水平。

资料来源：STATA 11.0 统计输出。

三、RSVECM 模型结果分析

V_{t-1} 为模型的误差修正项，反映了外部冲击下偏离长期均衡的价格调整速度。图9-1反映了产业链不同价格的波动特征以及传导的区制转移特征。

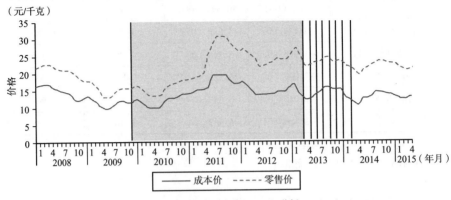

（a）零售价与成本价RSVECM分析

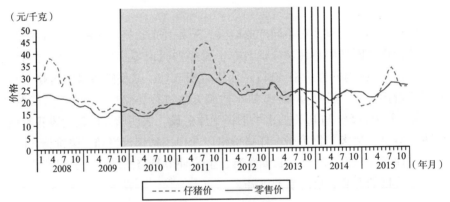

（b）仔猪价与零售价RSVECM分析

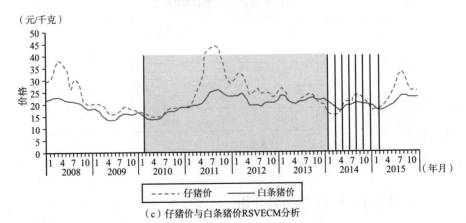

（c）仔猪价与白条猪价RSVECM分析

图9-1 RSVECM 模型结果分析

资料来源：STATA 11.0 统计输出。

　　对 RSVECM 模型的结果分析表明，食品安全事件导致产业链各环节不同价格之间传导的区制转移特征并不相同。表 9-3 为"合作社直销"模式下猪肉零售价格和生猪成本价格 RSVECM 模型的系数估计结果。零售价格的误差修正系数在区制一和区制二内分别在 5% 和 1% 的水平下通过显著性检验，系数分别为 8.017 和 3.131，表明外部冲击导致猪肉零售价格在区制一内显著偏离原有均衡，但在区制二内这种偏离却大大降低。食品安全事件对零售价格和生猪成本价格波动的影响在不同区间表现各不相同。食品安全事件在区制三内通过 1% 的水平下的显著性检验，其系数为 -0.210，外部冲击在区制三内对猪肉零售价格产生负面影响，反映出食品安全事件对猪肉零售价格影响的滞后性。食品安全事件对生猪成本价在区制一内通过 10% 的水平下显著性检验，系数为 -0.035，而在区制二内通过 1% 的水平下显著性检验，系数为 0.259，反映出外部冲击对猪肉零售价格影响具有显著的区制转移特征。通过外部冲击对猪肉零售价格与生猪成本价的对比可以看出，在"合作社直销"模式下，生猪成本价对外部冲击的响应更加快速，可能的原因是产业链的整合与升级导致零售端市场主体的力量更加强大，加大了零售价格与生猪成本价之间波动的非对称性。此外，零售价格对滞后一期生猪成本价格的弹性系数在区制二和区制三内分别通过 5% 和 1% 的水平下的显著性检验，系数分别为 -0.204 和 0.319，而生猪成本价对猪肉零售价格的弹性系数在区制一内 5% 的水平下通过显著性检验，系数为 0.144。这反映出猪肉市场是一个整合程度较高的市场，生猪成本价的顺向传导更为顺畅，但零售价格向生猪成本价的逆向传导程度更大。

表 9-3　　　　　猪肉零售价格和生猪成本价格 RSVECM 模型分析

指标	零售价格（pl）			生猪成本价（pc）		
	区制 I	区制 II	区制 III	区制 I	区制 II	区制 III
pl(-1)	0.483 ***	1.001 ***	0.780 ***	0.144 **	-0.031	-0.065
pc(-1)	0.410	-0.204 **	0.319 ***	0.654 ***	1.131 ***	1.027 ***
AI	0.068	-0.001	-0.210 ***	-0.035 *	0.259 ***	0.015
V_{t-1}	8.017 **	3.131 ***	-0.045	2.802 ***	-3.419 ***	0.787

注：*、**、*** 依次表示 10%、5%、1% 的显著水平。

资料来源：STATA 11.0 统计输出。

　　表 9-4 为"农超对接"模式下猪肉零售价格和仔猪价格 RSVECM 模型的系数估计结果。零售价格的误差修正项系数在区制二和区制三内分别在 5% 和 1% 的水平下通过显著性检验，系数分别为 1.137 和 -6.287，说明外

部冲击导致猪肉零售价格偏离原有均衡，但在不同区间其偏离均衡具有方向
截然相反的特征。食品安全事件导致仔猪价格偏离原有均衡，在区制三内
5%的水平下通过显著性检验，说明仔猪价格对外部冲击的响应具有滞后性，
需要更长时间恢复到均衡水平。食品安全事件对猪肉零售价格的影响在区制
一内1%的水平下通过显著性检验，系数为0.231，而对仔猪价格在区制二
内1%的水平下通过显著性检验，系数为0.548，反映出"农超对接"模式
下面临外部冲击产业链主体能够消化并降低产业链上游的价格波动，从而减
轻外部冲击对猪肉产业链价格波动的影响，说明农民专业合作组织能够利用
自身市场力量熨平外部冲击对价格波动的影响，逐步降低各环节价格波动
性。面对外部冲击，仔猪滞后价格在三个区间表现为逐渐下降的特征，而零
售价格滞后值则在区制三内波动最为剧烈。

表 9 - 4 　　　　　　　猪肉零售价格和仔猪价格 RSVECM 模型分析

指标	零售价格（pl）			仔猪价格（zj）		
	区制 I	区制 II	区制 III	区制 I	区制 II	区制 III
pl(-1)	0.960 ***	0.922 ***	1.441 ***	-0.121	-0.229	0.413 **
zj(-1)	-0.056	0.002 ***	-0.103 ***	1.189 ***	1.030 ***	0.454 ***
AI	0.231 ***	-0.022	0.038	0.024	0.548 ***	-0.054
V_{t-1}	2.313	1.137 **	-6.287 ***	-0.331	1.719	2.536 **

注：** 、*** 依次表示5%、1%的显著水平。
资料来源：STATA 11.0 统计输出。

　　表9-5为"订单农业"模式下白条猪价格和仔猪价格 RSVECM 模型的
系数估计结果。仔猪价格的误差修正项系数在区制三内10%的水平下通过
显著性检验，系数为3.265，说明外部冲击导致仔猪价格显著偏离原有均
衡，且这种偏离具有滞后性。面对外部冲击，白条猪价格的误差修正项系数
在区制一和区制二内分别在10%和1%的水平下通过显著性检验，系数分别
为2.049和3.477，表明食品安全事件扩大了白条猪价格偏离原有均衡的程
度，但这种偏离在事件后期回归正常值。在"订单农业"模式下，食品安
全事件对仔猪价格的影响在三个区间内均通过1%的水平下显著性检验，系
数分别为0.372、-0.188和0.104，而对白条猪价格在区制一内1%的水平
下通过显著性检验，系数为-0.255，表明"订单农业"模式下仔猪价格更
容易成为受外部冲击的主要对象。这反映出我国生鲜农产品产业链升级中
"订单农业"模式急需提高农户以及农民专业合作组织的市场力量，从而降
低外部冲击造成的生产资料价格波动。白条猪价格较易受到外部冲击的负面

影响，但批发商由于价值链以及信息优势能够较快地进行应对，在区制二和区制三内恢复正常水平。

表 9 – 5　　　　　　　仔猪价格和白条猪价格 RSVECM 模型分析

指标	仔猪价格（zj）			白条猪价格（bj）		
	区制 I	区制 II	区制 III	区制 I	区制 II	区制 III
zj(- 1)	0.894	0.097	0.093	0.832 ***	0.744 ***	0.823 ***
bj(- 1)	0.750 ***	0.923 ***	0.683 ***	0.044	- 0.091 ***	0.044
AI	0.372 ***	- 0.188 ***	0.104 ***	- 0.255 ***	0.015	0.016
V_{t-1}	- 8.673	- 0.089	3.265 *	2.049 *	3.477 ***	1.829

注： * 、*** 分别表示10%、1%的显著水平。

资料来源：STATA 11.0 统计输出。

四、讨论

产业链升级背景下食品安全事件对不同产业链模式价格冲击的影响并不相同。从零售价格与生猪成本价、零售价格与仔猪价格、仔猪价格与白条猪价格面对外部冲击的响应情况来看，不同产业链传导模式下，产业链主体面对的价格冲击程度不同，其区制转移特征也有显著差异。总体而言，不具有市场力量的主体往往受价格冲击的影响更为显著，在"合作社直销"模式和"订单农业"模式中，生猪成本价和仔猪价格波动在三个区制内均达到1%显著性水平，且呈现出显著的区制转移特征。这主要是与突发事件自身发展演化规律具有密切关系。食品安全事件导致价格沿猪肉产业链传导存在结构性突变，猪肉价格传导的区制转移特征主要由食品安全事件不同发展阶段以及发生发展过程中的转化与耦合效应导致。生鲜农产品产业链同时具有纵向的高度组织化与横向的分散化特点，且生鲜农产品具有易腐性，对冷链物流等配套设施要求较高。食品安全事件本身就具有复杂的演化规律，产业链升级条件下，随着供应链纵向层级与水平层次的增加，委托代理关系相应的梯次也将增加，各节点相互之间不断博弈，致使供需信息扭曲的现象随着供应链纵向与横向长度的增加逐渐扩大，突发事件与舆情事件、风险沟通、信息发布时机以及政府应对措施等相互作用，导致价格波动在不同区间具有显著的差别。

我国农产品产业链正朝着渠道结构信息化、主体组织化及联盟化的方向发展。产业链下游市场主体具有信息资源优势，能够有效获得市场的消费反馈信息，加之组织化程度高、资金力量雄厚，在不同产业链模式下分别呈现出不同主体力量博弈中生产者主导、批发商主导以及零售商主导的特点。面对突发事件时，不同模式的产业链主体利用链条中具有的价值链优势，牺牲弱势主体应对外部冲击，从而减弱对价值链优势主体的影响，实现整个产业链模式下的利益最大化。从产业链的三个模式可以看出，外部冲击下产业链上游的价格波动水平均大于下游价格波动水平。此外，产业链不同主体信息获取能力与应对能力差异较大，由于信息传递的非对称性以及各主体应对价格波动风险方式不同，导致价格波动具有区制转移特征。总体而言，在产业链升级背景下，面对外部冲击，不同产业链模式均降低了价格的波动性，从而提高了产业链的整体福利水平。

第五节　结论与启示

本书采用 2008 年 1 月至 2015 年 4 月猪肉产业链价格月度数据与食品安全事件信息指数等相关数据，采用区制转移向量误差修正模型（RSVECM）考察食品安全事件对猪肉价格的影响机理及区制转移特征。研究结果表明，在产业链升级背景下，食品安全事件对"订单农业"模式、"农超对接"模式以及"合作社直销"模式产业链价格波动的影响具有不同的区制转移效应。在"合作社直销"模式下，外部冲击导致猪肉生产者价格的波动幅度大于猪肉零售价格，而猪肉零售价格仅在区制二内显著，反映出猪肉零售价格响应的滞后性。在"农超对接"模式下，食品安全事件对仔猪价格的影响大于对猪肉零售价格的影响，但仔猪价格的响应较为滞后，零售价格最先受到冲击。在"订单农业"模式下，仔猪价格受到的冲击较大且持续时间长，反映出产业链升级导致市场力量对比变化、价值链调整以及交易成本改变对外部冲击价格波动作用机制改变的影响。

因此，为降低食品安全事件对猪肉市场价格波动的影响，应根据产业链升级的不同模式以及该模式下价格波动的区制转移特征制定市场应对策略。产业链上游承担了更多外部冲击价格波动的调整成本，这主要是由于生鲜农产品市场结构的改变以及产业链下游企业力量的扩张，零售端市场主体应对危机的能力高于农业合作组织。因此，政府应加大对上游主体的支持力度，促使生鲜农产品产业的均衡发展，并通过提高突发事件风险防范能力与完善预警机制降低外部冲击对猪肉市场各主体的影响。

第十章

重大禽流感疫情突发事件对鸡蛋价格突变的影响及冲击效应

本章选取 2000 年 1 月至 2015 年 3 月中国鸡蛋月度价格数据,首先采用 PPM 模型识别鸡蛋价格突变点并分析其成因。然后,构建自回归积分滑动平均(ARIMA)模型,定量考察重大禽流感疫情事件对鸡蛋市场价格的冲击效应及其内在机理。研究结果表明:2000 年以来,鸡蛋价格发生 10 次突变,重大禽流感疫情事件对鸡蛋价格具有较大的冲击效应,导致鸡蛋价格偏离最大值为 12.12%。重大禽流感疫情事件对鸡蛋价格的冲击需要 8～12 个月恢复到原有运行轨迹。因此,政府应建立生鲜农产品突发事件应急机制,完善价格监测手段,降低疫情突发事件对生鲜农产品价格体系的冲击与扩散效应。

第一节　引　言

我国是世界最大的鸡蛋生产国,同时也是鸡蛋人均消费最多的国家。不断发生的重大禽流感疫情事件强烈冲击了鸡蛋产业,如 2013 年居民受 H7N9 禽流感疫情事件影响,活禽消费意愿降至冰点,直接导致居民禽类消费的急剧下降。抽样调查数据表明,疫情发生区(江浙地区及北京)销量下跌九成以上,疫情未发生区(湖北、广东等地)销售下跌也超过 50%,而大面积的扑杀和被迫清栏,又直接影响了鸡蛋的供应,使得鸡蛋价格出现反弹。① 由于养殖亏损严重,禽类存栏下降,造成鸡蛋价格剧烈波动,与之相

① H7N9 阴霾下禽类产业分析——及趋势展望 [EB/OL]. 布瑞克数据库,2013.

关的饲料行业也陷入经营冷淡局面。

价格是反映市场供求情况最直接的媒介，而鸡蛋价格是多种因素共同作用的结果。除了成本、替代品价格等基本的供给、需求因素外，非典、禽流感疫情等不确定性突发事件也会对鸡蛋价格波动带来冲击，引发价格非正常波动，从而影响鸡蛋产业乃至家禽养殖业的健康发展。已有研究发现，均衡具有暂时性，而失衡则具有经常性。外部冲击会对均衡的经济系统产生扰动，并使其处于周期性变化之中①。因而，小幅价格波动是经济体运行的正常反应，而脱离均衡的价格突变成为值得关注的重点。那么，重大禽流感疫情突发事件是否导致鸡蛋价格突变？如果导致突变，对鸡蛋价格波动的冲击效应有多大？对上述问题的研究有助于深入了解并有效应对外部冲击对农产品价格异常波动的影响，一定程度上降低农产品价格超常规波动对农业发展与宏观经济稳定造成的负面冲击。因此，本书旨在通过测算鸡蛋价格突变并分析价格波动成因，实证检验重大禽流感疫情事件对鸡蛋价格的冲击效应，剖析疫情突发事件导致禽类产品价格波动的内在机理，以期为公共卫生类突发事件的有效应对与政府价格调控政策的制定提供理论与实证依据。

第二节 文献综述

外部冲击是宏观经济波动的重要影响因素之一。哈苏奈分析了埃及禽流感疫情对家禽产业链价格传导的影响。研究发现，对市场均衡偏离的价格调整程度取决于禽流感危机的严重程度。危机期间，零售商利用市场力量提高利润率，而批发商利润率下降。有学者分析了土耳其禽流感疫情对家禽市场的影响，研究发现禽流感导致价格调整速度与幅度均存在非对称性（Saghaian et al. , 2008）。汤普森分析了禽流感疫情期间贸易限制措施对家禽出口的影响，结果显示美国家禽出口受益于愿意实施有限贸易限制的国家，贸易影响因不同商品品类而异。莫扬等人（Moyen et al. , 2018）分析了禽流感疫情对活禽销售网络的影响，研究发现对家禽销售网络结构的了解有助于控制疫情传播。卡比和金泽一郎（kabe and Kanazawa，2012）的研究发现，动物疫情导致日本肉类市场结构变动。国外对疫情动态影响的研究主要集中于消费和市场价格方面。疫情发生期间与发生后对市场与消费者的影响是动态

---

① 鞠国华. "外部冲击"的国内研究综述 [J]. 经济学动态, 2009 (5): 75 – 78.

变化的过程，消费者对相关食品的消费量与市场价格受突发事件影响往往会经历急剧下降并缓慢恢复的过程，但是影响持续的时间与恢复的路径由于产品性质、事件类型不同而具有各自的特点。如阿纳德（Arnade et al.，2009）通过将误差修正项引入几乎理想需求模型中，测算出"毒菠菜事件"在长期和短期对菠菜消费量的影响逐渐趋于零。消费者的恢复速度较快，几周后即可恢复到均衡状态。

国内方面，学者研究发现中国鸡蛋供给的短期和长期价格均缺乏弹性，疫情对鸡蛋产量具有显著的负作用；但规模化养殖和非规模化养殖在生产决策时滞上相差不大，并且规模化养殖疫情冲击的负向作用要大于非规模化养殖。就鸡蛋价格波动规律而言，2000~2015 年鸡蛋价格包含了 6 个完整的波动周期。鸡蛋价格周期的时间长度在 16~40 个月不等；蛋雏鸡价格波动形态与鸡蛋价格相似，但滞后于鸡蛋价格；蛋鸡配合饲料价格与鸡蛋价格波动一致性则较差。周力和刘常瑜研究发现人感染 H5N1 和禽感染 H5N1 均对肉鸡产业价格体系内产品及要素价格造成显著影响。"非典"与禽流感事件导致肉鸡生产遭受沉重打击，鸡肉价格频繁波动。替代品猪肉价格上涨对鸡肉价格上涨起到推波助澜的作用。突发事件对价格的影响主要是通过供需变动作用于价格传导至市场不同主体，价格机制的作用导致了市场动荡范围扩大。吴中和等发现突发事件造成农产品零售商成本变动，但良好的供应链生产计划有利于批发价格和零售价格的稳定。刘婷婷和应瑞瑶分析禽流感冲击下养禽户家禽养殖恢复行为，发现受到冲击的养禽户中有51.02% 在疫情结束后重新恢复家禽养殖。禽流感冲击下疫情发生地家禽产品市场价格上升，疫情发生地相邻区域家禽产品市场价格下降。总体而言，动物疫情事件是导致畜产品市场价格波动的重要因素。徐明凡和刘合光建议通过对市场相关因素的变化情况来判断鸡蛋价格的走势，从而更好地应对市场波动。

总之，国内外学者探讨了疫情对市场、产业链、价格波动等方面的影响，但价格变化是多种因素共同作用的结果，如何剥离价格波动中不同因素的影响及作用大小，学者也尝试采用了不同方法，如成分分解法或引入疫情冲击参数，但价格波动是市场中的常态，在实际中只有突变前后差异达到一定程度才需要政府或企业的应对。① 因此，本书以 2000~2015 年鸡蛋零售价格月度数据为基础，首先采用 PPM 模型识别鸡蛋价格突变节点并将其与重大疫情事件的时间节点进行对比分析；然后利用 ARIMA 模型分析重大禽

---

① 柴建，张钟毓，付举磊，郭菊娥，汪寿阳. 国际原油价格系统结构性突变识别与分析 [J].
管理科学，2014（2）：133 – 144.

流感疫情事件对鸡蛋价格的冲击效应，以期为政府宏观价格调控政策和产业恢复政策创新提供理论与实证支持。

第三节　禽流感疫情对鸡蛋价格突变的影响

禽流感疫情暴发较为频繁，并不是所有的疫情均会引起价格突变。本书所研究的禽流感疫情是指动物发病率或者死亡率高，给养殖业生产安全造成严重危害，有可能对居民身体健康与生命安全造成危害的事件，该类疫情具有重要的经济社会影响和公共卫生意义，成为社会各界广泛关注的焦点。根据《中华人民共和国突发事件应对法》，公共卫生事件分为特别重大、重大、较大和一般四级，本书主要分析影响较大的二级禽流感疫情①。鸡蛋价格突变概率的高低与疫情范围、严重程度、持续时间等均有关系，根据本书分析的需要并借鉴前人研究成果，设定鸡蛋价格突变的容忍阈值为 0.3。由此，筛选出如下禽流感疫情事件，具体如图 10 - 1 所示。2003 年中国"非典"暴发并感染到人，引发民众恐慌；2004 年 H5N1 席卷东南亚地区；2005 年全球各地暴发禽流感疫情并影响到中国；之后，我国广州、江苏也暴发禽流感；2009 年禽流感再次暴发并影响到人；2012 ~ 2014 年中国又陆续发生 H7N9 禽流感。动物疫情的频繁发生，诱发农产品价格异常波动，消费者市场预期发生变化，不仅增加了市场不稳定风险，而且对政府宏观调控手段提出了严峻的挑战。

借鉴柴建（2014）对价格突变的定义，价格突变是指商品价格变动引起消费主体行为变动并对生产主体经济收益和宏观经济指标产生的影响，而不同主体对此影响效应大小的容忍极限值所对应的商品价格变动幅度为商品价格变动容忍阈值。变点问题由于能够将统计控制理论、假设检验理论以及贝叶斯和非贝叶斯方法结合起来，考察序列变点前后的不同分布，受到学术界的广泛重视。目前，变点问题的研究无论是在理论还是在实践方面均有了较大的进展，是分析并应对价格突变较为实用的统计工具。

PPM 模型是对复杂数据系列突变点进行科学识别与有效测算的动态模型。哈蒂根（Hartigan，1992）首次使用该模型求解变点问题，此后众多学

---

① 主要指禽流感疫情在短期内呈流行态势的，疫点数量和发病数量较多，一个平均潜伏期内疫情涉及一个县区内 1 个乡镇 2 个以上村的；或疫点数量少、发病面不广，但是发病畜数量较大的（家禽在 500 只及以上）。

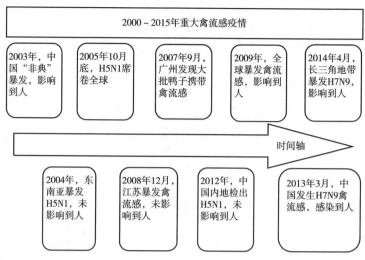

图 10 - 1　2000～2015 年重大禽流感疫情事件

资料来源：笔者根据相关新闻报道整理。

者对模型作了进一步改进，并扩展至石油、粮食、股票价格分析等不同领域。PPM 模型的分析求解详见洛斯基和克鲁兹（Loschi and Cruz, 2002）的研究。本书将 2000 年 1 月至 2015 年 3 月鸡蛋价格月度数据代入模型，利用 R3. 2. 1 软件 bcp 程序包识别价格突变节点，并测算突变节点的后验概率和后验均值，具体结果如表 10 - 1 所示。

表 10 - 1　　　　　　　鸡蛋价格变点的 PPM 模型识别

时间	鸡蛋价格突变概率	鸡蛋价格后验均值	时间	鸡蛋价格突变概率	鸡蛋价格后验均值
2000 年 1 月	0.012	5.15	2002 年 10 月	0.026	5.312
2000 年 4 月	0.014	5.085	2003 年 1 月	0.128	5.28
2000 年 7 月	0.182	5.095	2003 年 4 月	0.036	5.15
2000 年 10 月	0.018	5.187	2003 年 7 月	0.044	5.135
2001 年 1 月	0.008	5.191	2003 年 10 月	0.218	5.749
2001 年 4 月	0.038	5.196	2004 年 1 月	0.006	5.905
2001 年 7 月	0.086	5.269	2004 年 4 月	0.046	5.906
2001 年 10 月	0.014	5.332	2004 年 7 月	0.338	6.454
2002 年 1 月	0.02	5.333	2004 年 10 月	0.026	6.733
2002 年 4 月	0.014	5.321	2005 年 1 月	0.02	6.715
2002 年 7 月	0.014	5.318	2005 年 4 月	0.008	6.689

时间	鸡蛋价格突变概率	鸡蛋价格后验均值	时间	鸡蛋价格突变概率	鸡蛋价格后验均值
2005 年 7 月	0.002	6.689	2010 年 7 月	0.858	7.806
2005 年 10 月	0.496	6.656	2010 年 10 月	0.224	9.277
2006 年 1 月	0.024	5.844	2011 年 1 月	0.008	9.534
2006 年 4 月	0.008	5.82	2011 年 4 月	0.026	9.527
2006 年 7 月	0.356	5.824	2011 年 7 月	0.158	10.299
2006 年 10 月	0.02	7.155	2011 年 10 月	0.296	10.434
2007 年 1 月	0.058	7.229	2012 年 1 月	0.78	10.039
2007 年 4 月	0.414	7.301	2012 年 4 月	0.016	8.695
2007 年 7 月	0.076	7.827	2012 年 7 月	0.458	9.06
2007 年 10 月	0.01	7.863	2012 年 10 月	0.01	10.425
2008 年 1 月	0.026	7.855	2013 年 1 月	0.006	10.437
2008 年 4 月	0.012	7.839	2013 年 4 月	0.008	9.363
2008 年 7 月	0.014	7.839	2013 年 7 月	0.608	9.379
2008 年 10 月	0.184	7.834	2013 年 10 月	0.036	9.911
2009 年 1 月	0.012	7.732	2014 年 1 月	0.084	9.871
2009 年 4 月	0.016	7.73	2014 年 4 月	0.914	9.82
2009 年 7 月	0.068	7.753	2014 年 7 月	0.916	10.782
2009 年 10 月	0.012	7.797	2014 年 10 月	0.022	11.762
2010 年 1 月	0.008	7.795	2015 年 1 月	0.016	10.077
2010 年 4 月	0.006	7.792			

资料来源：R3.2.1 软件 bcp 程序输出。

从表 10 - 1 可以看出，鸡蛋价格呈逐渐上升趋势，其价格突变主要集中在 2003 ~ 2007 年以及 2010 ~ 2015 年两个阶段。2010 年后价格突变发生频率显著提高，且突变幅度明显加大。鸡蛋价格波动呈现非周期性、非阶段性的新特征。

结合图 10 - 1 与表 10 - 1 进行分析，结果表明，2000 年以来，共发生 10 次鸡蛋价格突变，其中 2003 年 1 月发生首次突变但突变概率并未达到容忍阈值，反映出疫情冲击的即时性。2003 年 1 月 27 日至 2 月 17 日我国 16 个省份 51 个疫点发现 H5N1 病例，极大地影响了公众的日常生活，严重打击了消费者的购买欲望，使得蛋鸡行业和鸡蛋产业面临困境。2005 年 10 月底，H5N1 禽流感波及全球，对我国鸡蛋产业产生冲击，使得鸡蛋价格再次剧烈波动，具体表现为 2005 年 10 月鸡蛋价格出现上升突变，突变概率与后验均值分别为 0.496 和 6.656。2006 年 3 月的禽流感疫情事件，虽然没有影响到人类，但据不完全统计，蛋鸡行业损失严重，共计 19.4 万只蛋鸡发病，18.8 万只死亡，各主产区累计扑杀蛋鸡 2285 万只。2010 年后鸡蛋价格呈上涨趋势，且突变概率大大增加，2012 年 1 月和 2012 年 7 月，鸡蛋价格突变概率分别为 0.78 和 0.458。2012 年中国禽流感疫情事件较为严重，山东、北京、安徽、江苏、上海、浙江、河南、台湾、福建、江西等地均报告了确诊与死亡病例。从 2014 年发生的 2 次价格突变也可以看出，2014 年 4 月发生价格上升突变，突变概率由 2014 年 3 月的 0.084 上涨至 0.914，而后迅速下降为 2014 年 5 月的 0.022，而 2014 年 7 月又发生上升突变，突变概率涨至 0.916。这主要是由于 2014 年发生的大规模疫情导致上海、浙江、安徽、河南等地遭受大范围冲击，禽类养殖业损失超过 170 亿元人民币，鸡蛋价格剧烈波动，波及饲料行业。由此可以看出，鸡蛋价格突变节点与重大疫情突发事件的发生时间段高度一致。因此，本书采用 ARIMA 模型定量分析重大禽流感疫情事件对鸡蛋价格冲击效应的大小。

第四节　研究方法与数据来源

一、自回归移动平均模型

自回归移动平均模型（ARIMA）是解决时间序列预测问题的定量分析方法之一，该模型将时间序列作为随机序列数据，根据历史数据的变动规律，找出数据变动模型（移动平均数、周期成分），从而实现对未来的预测。其模型主要包括滑动平均模型、自回归模型以及自回归滑动平均混合模型三种。应用 ARIMA 模型分析禽流感的价格冲击效应原理是将预测对象随时间推移而形成的数据序列视为一个随机序列并建立 ARIMA 模型，并根据时间序列的过去值及现在值来预测未来值。ARIMA 模型考虑了现实中的经济问题以及经济现象具有延续性的特点，同时考虑了随机波动对经济现象变动的扰动。因此，对经济运行短期预测具有良好的效果。

ARIMA 模型是自回归模型和滑动平均模型的组合。ARIMA(p, d, q)

模型中，AR 表示自回归模型，p 为模型的自回归阶数；MA 表示移动平均模型，q 为模型的移动平均阶数；I 是求和法，指时间序列 d 次差分的总和，d 为模型的差分阶数。ARIMA 模型的数学表达式为：

$$\Phi(B)(1-B)^d X_t = \Theta(B)\varepsilon_t \qquad (10-1)$$

式（10-1）中，X_t 为时间序列；$\phi(B) = 1 - \varphi_1 B - \varphi_2 B^2 - \cdots - \varphi_p B^p$，B 为滞后算子，$\phi_i(i=1, 2, \cdots, p)$ 为待估计的自回归系数；$(1-B)^d X_t$ 表示对 X_t 进行 d 次差分；$\Theta(B) = 1 - \theta_1 B - \theta_2 B^2 - \cdots - \theta_q B^q$，$\theta_i(i=1, 2, \cdots, q)$ 为待估计的移动平均系数；e_t 为误差项。

二、数据来源

本书选取 2000 年 1 月至 2015 年 3 月中国畜牧业信息网（www.caaa.cn）鸡蛋月度平均价格统计数据。对重大禽流感疫情突发事件冲击效应的分析，采用月度数据能较好地反映冲击的变化过程，以价格波动幅度为标准来衡量疫情对价格的影响程度。本书选择 2000～2015 年全国鸡蛋平均价格作为研究对象，主要基于以下考虑：一是选择全国数据，有利于熨平不同区域价格波动的传递效应，从而剥离区域价格传递的影响考察疫情对鸡蛋价格的冲击；二是研究区间与重大禽流感疫情突发事件的发生时间高度吻合，选择这一时间段能够较好地反映外部冲击对鸡蛋价格的影响。

第五节　禽流感疫情对鸡蛋价格
影响的实证分析

一、数据的平稳性检验

对时间序列数据进行分析，需要对数据的平稳性进行检验。首先对数据取自然对数消除异方差问题，其次采用单位根检验方法判别是否为平稳的时间序列，表 10-2 为变量的单位根检验结果，表明鸡蛋价格对数值的检验统计量大于 1% 的临界值，说明原假设正确，时间序列数据为不平稳序列。对其进行一阶差分，检验统计量小于 1% 的临界值，检验结果表明鸡蛋价格一阶差分值为平稳的时间序列。

表 10 - 2　　　　　　　　变量的单位根检验结果

变量	检验类型	检验统计量	1%临界值	5%临界值	10%临界值	检验结果
LNXt	(c, 0, 0)	- 1. 4402	- 3. 4666	- 2. 8774	- 2. 5753	不平稳
ΔLNXt	(c, 0, 0)	- 10. 6145	- 3. 4664	- 2. 8773	- 2. 5752	平稳

资料来源：EViews 统计输出。

白噪声检验主要是为了验证时间序列数据是否是纯随机序列。由于纯随机序列无法由过去值推测未来值，因此，需要对白噪声进行检验以确定时间序列数据为非白噪声序列。表 10 - 3 为一阶差分后时间序列自相关—偏相关分析表，分析结果表明 Q 统计量的 P 值小于 5% 的显著性水平，不符合原假设，因此时间序列为非白噪声序列，满足模型建立的前提条件。

表 10 - 3　　　　　　　　DLNXt 的自相关—偏相关分析

序号	AC	PAC	Q - Stat	Prob
1	0. 227	0. 227	9. 5110	0. 002
2	- 0. 046	- 0. 102	9. 8989	0. 007
3	0. 010	0. 047	9. 9171	0. 019
4	0. 004	- 0. 015	9. 9202	0. 042
5	- 0. 160	- 0. 164	14. 756	0. 011
6	- 0. 318	- 0. 262	33. 942	0. 000
7	- 0. 173	- 0. 080	39. 679	0. 000
8	0. 026	0. 046	39. 806	0. 000
9	- 0. 042	- 0. 073	40. 154	0. 000
10	- 0. 140	- 0. 146	43. 976	0. 000
11	0. 169	0. 168	49. 564	0. 000
12	0. 391	0. 253	79. 728	0. 000
13	0. 102	- 0. 061	81. 795	0. 000
14	- 0. 137	- 0. 167	85. 539	0. 000
15	- 0. 071	- 0. 086	86. 538	0. 000
16	- 0. 065	- 0. 116	87. 381	0. 000
17	- 0. 170	- 0. 061	93. 263	0. 000
18	- 0. 294	- 0. 110	110. 86	0. 000
19	- 0. 111	- 0. 031	113. 39	0. 000
20	0. 031	- 0. 075	113. 59	0. 000

资料来源：EViews 统计输出。

二、模型识别与建立

模型识别需要根据表 10 − 3 的信息确定显著截尾的延迟阶数，然后通过反复验证的方法确定符合统计指标要求的模型阶数。鸡蛋价格一阶差分后为平稳序列，因此确定 d = 1、q = 1。p 值的确定采用验证的方法，分别取 p = 1 和 p = 2 进行参数检验，确定 (1，1，1) 的 AIC、SC 信息准则最小，R^2 最大，所以选择 ARIMA (1，1，1) 模型 (见表 10 − 4)。

表 10 − 4　　　　　　　　　备选模型的统计指标结果比较

(p，d，q)	AIC	SC	R^2
(1，1，1)	0. 604895	0. 657909	0. 075573
(2，1，1)	0. 614617	0. 685571	0. 071367

资料来源：EViews 统计输出。

为了更好地对 ARIMA(1，1，1) 模型的参数进行估计，利用 EViews 7. 0 建模如下：

$$(1 + 0.233255B)(1 - B)X_t = (1 - 0.511349B)\varepsilon_t \qquad (10 - 2)$$

其结果见表 10 − 5、表 10 − 6。

表 10 − 5　　　　　　　　ARIMA(1，1，1) 的估计检验结果

变量	系数	标准差	t − 统计量	概率
AR (1)	− 0. 2333	0. 23033	− 1. 9828	0. 0313
MA (1)	0. 51133	0. 20403	2. 50655	0. 0131
R-squared	0. 7557	Mean dependent var	0. 0237
Adjusted R-squared	0. 6519	S. D. dependent var	0. 3359
S. E. Of regression	0. 0033	Akaike info criterion	6. 0490
Sum squared resid	0. 0019	Schwarz criterion	6. 5791
Log likelihood	51. 7430	Durbin − Watson stat	1. 9793

资料来源：EViews 统计输出。

表 10 − 6　　　　　　　　ARIMA(2，1，1) 估计检验结果

变量	系数	标准差	t − 统计量	概率
AR (1)	− 0. 0979	0. 4440	− 0. 2205	0. 8258
AR (2)	− 0. 0325	0. 1477	− 0. 2201	0. 8260

续表

变量	系数	标准差	t - 统计量	概率
MA（1）	0.3764	0.4436	0.8485	0.3973
R-squared	0.0714	Mean dependent var		0.0264
Adjusted R-squared	0.0555	S. D. dependent var		0.3349
S. E. Of regression	0.3254	Akaike info criterion		0.6146
Sum squared resid	18.6389	Schwarz criterion		0.6856
Log likelihood	-51.3155	Durbin - Watson stat		1.9910

资料来源：EViews 统计输出。

模型的显著性检验需要保证随机扰动项为白噪声，从残差序列的 Q 统计量表统计结果可知，各延迟阶数下 Q 统计量的 P 值大于 5% 的显著性水平，信息被较好地进行了提取，各参数均通过了显著性检验，D - W 值为 1.9793，模型模拟效果良好。

三、模型预测

运用 ARIMA(1，1，1) 模型对样本区间的鸡蛋价格数据进行预测（见图 10 - 2），预测值和实际值的差值即为鸡蛋价格受重大禽流感疫情事件冲击

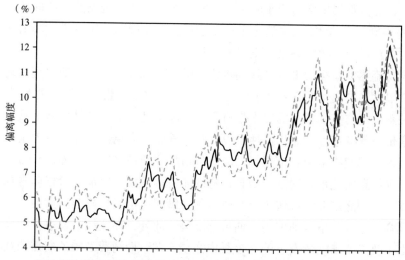

图 10 - 2 2000～2015 年鸡蛋实际价格与预期价格走势的偏离波形图

资料来源：EViews 统计输出。

而降低的数值，同时预测值和实际值的偏离度即为鸡蛋价格受重大禽流感疫情事件影响而减少的程度。重大禽流感疫情突发事件导致价格偏离的最大幅度为12.12%。

四、实证结果分析

ARIMA模型对重大禽流感疫情突发事件后鸡蛋价格的外推预测值与实际值的偏离度即为突发事件的冲击效应。预测值的平均绝对误差为0.1263，平均相对误差为2.68%，说明模型具有较好的预测结果。2000年8月鸡蛋实际价格为每千克5.38元，而ARIMA模型预测的实际价格为每千克4.73元，预测值低于实际值每千克0.65元，与实际值偏离了12.12%，冲击效应达到样本期内最大。2012年6月鸡蛋实际价格为每千克9.29元，而ARIMA模型预测的鸡蛋价格为每千克8.19元，偏离11.85%，冲击效应微弱下降。从样本期内发生的疫情事件来看，疫情突发事件对鸡蛋价格的冲击效应不具有滞后性，往往在疫情发生后即对鸡蛋价格产生强烈冲击，但这种冲击呈由强减弱的趋势，一般持续时间为8~12个月。2010年后，疫情对鸡蛋价格冲击大幅提高，但影响的时间长度呈下降趋势。如2012年5月鸡蛋价格为每千克8.23元，较突发事件前下降34%，6月份鸡蛋价格即止跌反弹，上升12.88%。这主要是由于疫情期间大面积的扑杀和被迫清栏，导致供应大幅减少，使得鸡蛋价格出现小幅反弹。根据生产规律，蛋鸡的生产周期为52周，每年更新率100%。禽流感事件发生后，企业因淘汰蛋鸡严重滞销压栏而无法更新蛋鸡，导致鸡蛋产量下降，价格反弹。

重大禽流感疫情突发事件导致鸡蛋价格的超常规波动，样本期内其波动超过正常幅度，最高达132%。这与疫情事件的难以预见性和不确定性特点有很大关系。疫情突发事件的发生带有很强的随机性，由于产品价格下跌速度与要素价格下跌速度的非均衡性，以及禽蛋养殖的周期性特点使得养殖户无法及时改变养殖决策和养殖规模，原有的市场均衡被打破。此外，政府对重大疫情等信息实施审查制度，信息传递的非对称性大大增加了价格非常规波动的概率，加之产业链价格传导、政府价格管制、市场投机等因素的相互作用与耦合，导致价格波动偏离预期价格走势。此外，在疫情突发事件的恢复期，由于政府要求疫情发生的六个月内为禁养期，而消费者的消费需求往往在两个月内恢复至原有水平，供需的不平衡导致价格波动特征凸显。但总体来看，疫情突发事件并未导致鸡蛋价格走势的结构性突变，疫情对鸡蛋价格的影响主要是短期的脉冲式影响。

禽流感疫情等突发事件降低了市场向均衡水平的调整能力与调整速度，大约需要 8 ~ 12 个月的时间才能恢复到均衡状态，而未暴发疫情时，市场调整恢复到均衡状态仅需要 2 个月时间。这一结论与蔡勋和陶建平的研究结果类似，即在禽类之间传播的禽流感疫情对家禽产业具有短期冲击效应，当发生人感染禽流感疫情时，家禽产业至少需要 13 个月恢复至原有价格水平。这主要是由于生鲜农产品具有需求弹性小而供给弹性大的特点，疫情暴发使得供给大幅减少；重大疫情突发事件致使产品市场和要素市场间价格联系机制扭曲，导致疫情结束后禽蛋产品和生产资料价格出现大幅度反弹。此外，节日效应能够较好地提升生鲜农产品的销售，一定程度上降低了疫情对市场的冲击。如 2014 年 5 月，在疫情发生后的第一时间，实际价格与预测价格偏离 9.19%。但受传统节日效应的影响，鸡蛋价格在较短的时间内反弹，2014 年 10 月实际价格与预测价格偏离 2.6%，说明中秋节等传统节日能较好地拉动居民的消费需求，抵消由于疫情突发事件对鸡蛋价格的负向冲击。

第六节　结论与启示

基于 2000 年 1 月至 2015 年 3 月的全国鸡蛋价格月度数据，本书首先运用 PPM 模型对鸡蛋价格突变进行测算并分析突变形成的原因，然后采用 ARIMA 模型实证分析禽流感疫情对鸡蛋价格的冲击效应，得出的结论与启示如下。

第一，我国处于经济与社会转型的关键时期，市场不稳定性增强，除了突变形成的供需因素、投机因素、政策因素等，重大禽流感疫情突发事件导致价格波动的放大效应。2000 ~ 2015 年鸡蛋价格共发生 10 次突变，且鸡蛋价格突变与重大禽流感疫情突发事件的节点相同，2010 年后鸡蛋价格突变概率显著加大。因此，应建立动物疫情突发事件应急机制，平时居安思危，做好突发事件的预防、准备、响应和恢复各个阶段的工作，减少疫情冲击对禽类产业链相关主体的影响。

第二，重大禽流感疫情突发事件对鸡蛋价格具有显著的冲击效应。疫情发生初期价格剧烈下降主要是由于需求总量与需求结构发生显著变化，后期则是养殖户生产能力下降、停止补栏、供给减少以及政府政策的延迟效应等因素相互作用，导致价格反弹。禽流感疫情对价格的冲击时间大约经历 8 ~ 12 个月。重大禽流感疫情突发事件导致家禽销售市场萎靡，产品滞销积压严重，淘汰鸡严重滞销压栏，造成蛋鸡无法正常更新升级，从而成为价格大幅上涨的前奏。因此，应完善鸡蛋产业链各环节生产成本的价格监测预警机制，密切监测雏鸡、蛋鸡、饲料等相关商品的生产、消费、库存、市场价格等重要信息，以有效应对疫情突发事件导致的鸡苗补栏、蛋鸡养殖和蛋品交易问题，熨平重大禽流感疫情对价格的冲击。

第三，重大禽流感疫情突发事件主要通过禽蛋养殖户生产能力的损毁、对消费者购买意愿的扼制以及政府扑杀政策等途径改变供需对价格机制产生影响，其结果是增大了价格波动的不确定性，并改变市场价格预期走势。禽流感疫情发生后的信息不对称加剧了价格波动幅度，而价格波动又引致通货膨胀、生活水平下降等其他社会效应。因此，政府部门应综合考虑禽流感疫情的冲击强度、时间及恢复所需的周期，利用有效措施稳定消费者预期以应对价格的频繁波动；在加强市场自身调节机制的基础上，应完善食品安全监督体系和疾病预防控制体系，建立生鲜农产品食品安全信息与价格信息监测网络。政府应采取有针对性的逆向调节手段，避免信号放大、干预滞后导致市场价格更大波动等问题的发生，降低疫情等突发事件对生鲜农产品价格体系的冲击与扩散效应。

第十一章

基于贝叶斯网络的美国食品召回事件风险识别与防控路径

食品召回是国际通行的一种食品安全事件事后监管措施。食品掺假、过敏原标签未声明和食源性细菌污染等不当行为均会在不同程度上引起食品安全风险，导致社会和企业利益损失。因此，对食品召回安全风险进行有效识别，有利于降低食品安全风险，提高监管效率。本书基于美国 FSIS 官方网站 1995～2017 年统计数据，运用贝叶斯网络方法识别美国食品召回事件风险来源和要素构成。研究结果表明，美国食品召回事件中食品安全风险主要包括内部风险，外部风险和系统风险。在内部风险中，食品掺假问题是最主要风险因素，其次是用料不当、化学污染和过量使用农兽药；在外部风险中，未经申报、批准、检疫的物质，标签信息不对称，食用不当也可致使风险发生；在系统风险中，除食源性细菌污染风险外，加工缺陷和突发事件风险同样不容忽视。从美国发生的食品召回事件风险可以看出，应基于食品质量安全的商品属性，针对内部性风险，建立利益博弈均衡机制；基于食品质量安全的准公共物品属性，针对外部性风险，完善信息披露机制；针对系统性风险，应跳出实例或相关性的"可得性启发"思维限制，以保障食品质量安全。

第一节 引 言

近年来，国际食品安全事件层出不穷，给食品质量的管理和保障带来巨大挑战。食品安全事件隐含的生化风险与人为风险凸显了食品监管的紧迫性与重要性。在新的食品安全管理体制大变革背景下，我国于 2015 年 9 月出台实施了《食品召回管理办法》，对加强食品安全监管、降低缺陷食品危害、确保公众食品安全具有重要的现实意义。然而，我国食品召回在实践中遭遇尴尬困境，存在监管食品召回的难度较大且监管不力、积极主动召回缺陷食品的生产者极少和召回食品后处理不善导致回流严重等问题，导致实践操作性不够强、对食品安全保障水平有限（莫小春，2014；张永喆，2020）。

食品召回是指为保障公众人身安全健康，食品生产商、进口商或经销商在获悉其生产、进口或销售的食品存在可能危害消费者健康、安全的缺陷时，依法向政府主管部门报告，及时通知消费者，并从市场和消费者手中收回缺陷食品，采取予以更新、赔偿等积极有效的补救措施，以消除缺陷食品危害，或者在政府主管部门颁布缺陷食品强制召回令后，采取补救措施的制度安排。美国是最早实施食品召回的国家，其食品召回风险管理成效显著，既提高了企业的主动质量安全控制行为，又在最大程度上降低了食品安全事件对民众的可能伤害。食品召回是加强政府监管、关注企业技术改造、规范行业行为、增加社会公共利益的一种制度设计。本书通过分析美国 FSIS 数据库中食品召回事件的风险类别，提取主要风险要素，探讨美国食品召回过程中风险因素的因果关系，对完善我国食品召回机制、构建我国食品安全外部监管环境具有重要参考价值。

第二节　文献综述

对食品召回与食品安全风险的研究主要从两个方面展开。

一是食品召回机制研究。召回缺陷食品是解决食品安全"外部性"问题的适当方式，食品召回制度能有效地促使外部成本内部化。实现消费者合法权益和食品企业长远利益的双赢，有利于社会资源的优化配置（刘森，2011）。美国食品召回主要步骤包括企业报告、主管机构评估、制订召回计划、实施召回计划等（王宗玉，2009）。通过对美国 1994～2014 年 1217 例肉类和家禽产品召回事件的统计分析，发现深加工环节和生产环节是事件多发环节；食品企业能力局限是主要原因。美国食品召回是政府和企业协作的结果，国家构建透明的信息平台和提供有效的激励约束，食品企业承担食品召回成本、履行企业社会责任和实施食品召回流程（张蓓，2015）。食品召回已成为美国食品监管的创新理念和重要手段。疯牛病（BSE）事件导致牛肉的平均召回率为 26%，牛肉行业在事件发生两周内损失超过 9700 万美元

（Pozo et al.，2016）。唐晓纯等（2011）以美国、加拿大、英国、澳大利亚、新西兰及中国为研究对象，通过对 2008～2010 年食品召回数据和信息进行分析，发现发达国家的企业自愿召回比例接近百分之百，引起食品召回的主要原因除了传统的黄曲霉毒素和沙门氏菌以外，标签问题等新的风险有快速上升趋势；中国由于缺乏规范统一的食品召回信息发布平台，所以召回信息数据少，不能真实反映实际状况。此外，企业规模、企业处理召回的经验、媒体信息和召回规模是美国肉类和家禽召回经济影响的驱动因素（Taylor et al.，2016）。为了强化政府责任，美国学界与实务界要求增加责令召回的方式，力求促进有关部门在执法时注重企业责任与政府责任的平衡、寻求企业与政府的协作（高秦伟，2010）。

我国食品召回目前主要存在四个方面的问题，即食品缺陷评价研究不够、食品生产小企业比较多、召回食品的处理成难题以及尚未建立科学的食品召回体系。我国 2008～2010 年召回的食品类别大致为 22 类，召回原因较多的是生物性污染（唐晓纯等，2012）。张肇中等（2018）采用事件研究法估计食品药品召回对上市公司的影响，发现召回规模、媒体报道和交易量等因素均显著影响累计超额收益率，其中召回经历和群体召回的影响分别体现为刻板效应和转移效应。徐芬等（2014）针对我国食品召回过程中召回成本较大对企业召回积极性带来不利影响等问题，构建了食品召回成本模型，结果表明：在不可追溯体系下的食品召回成本是可追溯体系下召回成本的（m－1）倍（m 为食品保质期），可追溯体系可极大减少召回成本；食品保质期、日产量、销售价格是影响食品召回成本的主要因素。

二是食品安全风险研究。中国等中等收入国家需要发展风险分析能力，以便更好地在公共管理中发挥公共资源的作用（Unnevehr et al.，2015）。风险分析是食品安全体系的重要部分，可以增强传统食品安全系统应对当前挑战的能力。除此之外，对于食品安全体系的其他组成部分，如食品安全政策、食品法规、食品检验、实验室分析、食源性疾病的流行病学监测系统、食品中的化学和微生物污染监测系统、信息、教育和通信等，在体系构建过程中应引起足够的重视（Attrey et al.，2017）。欧洲食品安全局（EFSA）建立了一个新兴的风险交换网络（Ern），讨论的问题除了微生物和化学危害外，还包括非法活动、新的消费趋势、生物毒素、新技术和工艺、过敏原、动物健康、环境污染、新的分析方法、新的食品包装等引起的食品安全问题（Costa et al.，2017）。食品安全风险的主要驱动力被确定为人口变化、经济驱动力、资源短缺、环境驱动力、食物供应链的复杂性增加、水安全和恶意活动。食品安全管理应强调运用跨学科和系统的方法来协调驱动力的影响。一个整体的或系统的方法可以解决不同因素和他们之间相互作用所产生的预期和非预期的问题（Kendall et al.，2018）。张红霞等（2013）以我国 2005~2012 年发生的 3300 个食品安全事件为研究样本，系统分析了产业链各环节存在的风险因素，发现使用不安全辅料、加工环境不卫生、农药兽药残留和餐饮场所不达标是主要的食品安全风险因素。全新华（2015）通过对湖北省荆门市 20 年来的餐饮食品安全事件的系统性回顾调查，发现餐饮食品安全风险点主要是食品原料不合格、细菌污染、加工操作不规范、滥用食品添加剂。近 10 年我国食品安全风险呈缓慢下降趋势，但是从食品供应的 3 个具体环节来看，风险一直呈现波动趋势，特别是农产品生产和食品生产消费这 2 个环节。有学者分析了韩国 1998~2008 年 569 个食品安全事件，发现 43.4% 为化学风险、22.1% 为生物风险、17% 为物理风险（Bank，2009）。邹思和王婵（2016）分析了 2005~2014 年我国猪肉食品安全事件，发现东部沿海地区为猪肉安全事件的高发区域，而养殖环节中分散的小规模养殖户人为滥用兽药、饲料和添加剂等化学品形成的化学性风险因素成为其中关键。郝世绵等（2018）运用三维风险分析模型构建食品全产业链风险评价模型，发现使用不安全辅料、农药兽药残留以及餐饮场所不达标对食品全产业链风险影响程度最大。文晓巍等（2018）认为资源条件、市场激励、政府规制、媒体监督和信息共享正向影响食品企业质量安全风险控制动机，组织学习负向影响食品企业控制动机。从客体性因素角度，针对有限的科技投入，对于资产专用性较强的食品企业，应将风险交流纳入食品安全系统中，建立"关系治理机制"，为实现食品企业与各利益相关者的"准一体化"关系提供便利条件（王志涛等，2014）。

综合以上文献可以看出，以往研究大多是对食品召回现状与模式的定性研究，一些学者涉及召回事件的损失以及召回比例等，但主要采用描述性分析方法，缺乏对食品召回事件关键风险因素的定量分析。此外，学者们意识到基于全产业链进行食品安全风险研究的重要性，包括对食源性疾病、食品污染以及食品中的有害因素进行监测，而分析诸多风险因素可能造成召回事件影响路径的文献较为缺乏。因此，本书采用美国食品安全检验局数据库数据，构建风险分析框架，对 1995~2017 年美国食品召回事件进行风险因素分析，针对美国食品召回的风险发生进行概率推理和预测判断。具体来讲，分别从食品业者可能造成风险的内部安全风险、社会环境与市场可能造成风险的外部安全风险以及多因素叠加的系统安全风险出发，全面分析导致肉类和家禽产品召回的不同风险因素和发生概率，揭示不同风险因素的对应因果关系，以做出可靠性更强的风险评估结果，以期为政府制定有针对性的食品风险应对策略和召回管理方案提供理论与实证依据。

第三节　方法选取与风险维度构建

一、方法选取

贝叶斯网络方法能够针对小概率事件，根据其发生可能性，保留发生可能性较大的风险概率值；另外，可将主观性质的先验知识和客观性质的观测数据相结合，从而有效地避免缺失数据集合情况的发生，降低了全过程风险识别结果的偏差，从而有利于深入剖析导致召回事件风险因素相互影响的选择路径。贝叶斯网络根据贝叶斯定理和图论而产生，可构建一个包含节点的层次贝叶斯网络，运用贝叶斯网络正向推理准则以及直观无环图，通过概率的可能性分析推理解决风险等不确定性问题；能在有限先验概率、不完整、不确定的信息条件下进行合理的学习和推理等相关处理，揭示风险分析中各因素间的因果关系，并通过计算各网络节点的后验概率完成风险预测，做出可靠性更高的评估结果。

本书采用贝叶斯网络进行风险分析建模，一方面能通过贝叶斯网络的网络结构清晰地表示食品安全风险之间的作用关系，并能通过先验概率的形式给出要素间的关联强度；另一方面，贝叶斯网络中的变量含义丰富，具有条件状态概率取值，能通过贝叶斯网络的概率推理，实现对食品安全风险中变量状态后验概率取值可能情形的预测。

在定性层面，本书构建了美国肉类和家禽产品召回四级因果图，即有向无环图，根据调查事件与相关数据，构建贝叶斯网络结构，用以说明各个父节点与子节点变量之间的因果关系。在定量层面，说明了在不同条件概率分布下，叶节点对其子节点、子节点对其父节点的依赖关系。首先，对网络参数进行根节点先验概率估计，在贝叶斯统计推断中，不确定数量的先验概率分布是在考虑一些因素之前，表达对这一数量置信程度的概率分布。其次，考虑非根节点的条件概率分布，继而得出包含所有节点的联合概率分布。

二、风险维度构建

由于食品市场的信息不对称问题普遍存在，无法实现"绝对的食品安全"。因此，食品安全目标管理由"绝对的安全"转向充分考虑"可以接受的风险"因素，进而实现"从农田到餐桌"的食品质量相对安全。基于上述目标，食品安全监管措施产生相应调整，由倾向于"安全性"评价，转向侧重于"危险性"分析。食品安全危险性分析针对处在食品供应链不同环境下的农产品、初级产品、半成品和成品。食品安全风险主要由人为性质的"无良"和非人为性质的"无知"造成。

根据食品安全风险指标之间的隶属关系，可以把食品安全风险指标分为不同层级具有一定关联性的众多指标，构成食品安全风险指数的指标体系。依据指标形成的基础以及指标与人为因素的关系，食品安全风险指标可以分为硬指标与软指标。硬指标是指以客观存在的因素为基础的指标，一般属于直接指标，例如 HACCP 指标分类体系包括的生物性危害、化学性危害、物理性危害、转基因危害指标。软指标是指基于人的因素并且能够体现食品安全风险情况的指标，包括国家法律制度的建设情况、生态环境建设情况、国家标准的制定情况、执法监管情况、食品企业的资质（人力资源、机器设备、生产原料、工艺流程、质量信息流通情况）等级、食品企业的安全管理制度与措施及其落实情况等（孙春伟等，2014）。而美国肉类和家禽产品风险具有成因复杂、风险后果严重的突出特点。本书选取诸多食品风险硬指标、软指标和两者耦合的指标，结合美国肉类和家禽产品全产业链风险自身特性，并基于以上贝叶斯条件概率与联合概率公式，得出基于食品全产业链的美国食品召回风险识别的因果逻辑关系，将美国食品召回风险划分为内部性风险、外部性风险和系统性风险三个维度。

内部性风险主要包括道德缺失风险和技术操作风险。食品生产商和加工商加入多余的材料（用料不当）、掺假问题可能导致道德缺失风险；生产加工过程中化学污染、残留杀虫剂（使用过量的农兽药）可能导致技术操作风险。

外部性风险主要包括监管失灵风险和信息风险。食品生产商与加工商未申报的物质、未批准的物质和未经检疫的物质直接进入交易市场导致政府部门监管失灵风险。在消费过程中，标签信息不详细不客观、消费者缺乏食品安全风险意识以及饮食卫生常识导致食用过程中操作不当、标签未声明过敏原均会不同程度上导致信息风险的产生。

系统性风险主要包括能力局限风险和不可抗力风险。大肠杆菌、沙门氏菌、李斯特菌等食源性细菌污染、加工缺陷（方法不正确）可能导致能力局限风险、龙卷风、暴风雪等突发事件可能导致不可抗力风险。

第四节　数据来源与实证分析

一、数据来源及样本特征

根据 FSIS 官方网站，"食品召回和公共健康预警"板块设置有"食品召回事件档案数据"专栏。该网站实现了精准化、网络化的召回操作模式，制定了可操作性细则，信息化管理日趋规范和完善。美国食品召回主要包括消费者反馈召回、企业自愿召回、政府指令召回、政府要求召回、联合召回和跨国召回六种方式。笔者整理得到美国 1995～2017 年 968 例肉类和家禽产品召回事件数据，根据不安全食品可能造成的危害程度，召回等级分为一级、二级、三级召回。级别不同，相对应的规模、范围、响应时间各不相同，合理的召回级别安排可以使相关企业有效避免资源浪费现象发生。一级召回对象为可能出现严重危害消费者身体健康的食品，即食用食物会导致健康问题，其死亡概率较高。二级召回对象为可能出现危害身体健康的食品，但是危害性较轻微。三级召回对象为食用不会对健康产生严重不良影响的食品。根据 FSIS 统计数据记录，笔者得到 1995～2017 年美国肉类和家禽产品分级召回风险情况，如表 11 - 1 所示。从分级召回情况看，一级召回事件共计 675 例，占召回总量的 67.30%，其中食源性细菌污染风险占比最多，为 46.22%；二级召回事件 228 例，占召回总量的 22.73%，其中标签未声明的过敏原风险为 119 例，占二级召回总数的 52.19%；三级召回事件共计 100 例，占召回总量的 9.97%，其中标签信息不客观风险为 42 例，占二级召回总数的 42%。美国食品召回具体风险统计共计 13 类风险，作为贝叶斯网络中叶节点。其数据特征显示，排名前三位的风险分别为食源性细菌污染风险、未声明的过敏原风险、掺假问题风险，比例分别为 31.11%、29.61%、15.05%。其中食源性细菌污染风险主要细分为三种，依次为产志贺毒素大肠埃希菌（STEC）、单核细胞增生李斯特菌、沙门氏菌造成的安全风险，召回数量分别为 134、138、40。

表 11 - 1　　　1995～2017 年美国肉类和家禽产品分级召回风险情况

召回风险因素描述	一级召回数量	二级召回数量	三级召回数量	合计	比例分布
加入多余的材料（用料不当）	38	41	11	90	0.0897
掺假问题	104	47	0	151	0.1505

召回风险因素描述	一级召回数量	二级召回数量	三级召回数量	合计	比例分布
化学污染	0	4	0	4	0.0040
残留杀虫剂（使用过量的农兽药）	0	4	1	5	0.0050
未申报的物质	0	6	21	27	0.0269
未批准的物质	1	1	1	3	0.0030
未经检疫的物质	2	3	10	15	0.0150
标签信息不客观	0	0	42	42	0.0419
消费者缺乏食品安全风险意识以及饮食卫生常识导致食用过程中操作不当	0	0	11	11	0.0110
标签未声明的过敏原	176	119	2	297	0.2961
大肠杆菌、沙门氏菌、李斯特菌等食源性细菌污染	312	0	0	312	0.3111
加工缺陷（方法不正确）	28	3	1	32	0.0319
龙卷风暴风雪等突发事件导致食品质量安全问题	14	0	0	14	0.0140
合计	675	228	100	1003	

资料来源：FSIS 官方网站。

二、贝叶斯网络建构

根据美国食品召回风险因素以及相对应的因果关系图（见图 11-1），本书构建了一个包含 23 个节点的四层贝叶斯网络，即召回风险贝叶斯网络节点表（如表 11-2 所示）。

美国食品召回安全风险识别贝叶斯网络图如图 11-1 所示。四个层次中，第一层次为节点 a_n（$n=1, 2, \cdots, 13$），没有父节点的节点为根节点。美国食品召回安全风险识别网络的根节点，其概率按照贝叶斯运算中的边缘概率分布；根据因果关系，编辑有向图，对应子节点为第二层次 b_m（$m=1, 2, \cdots, 6$）；第二层的子节点为第三层节点，用 c_k（$k=1, 2, 3$）表示；第四层次的节点用 U 表示，没有子节点的节点为叶节点，节点 b_m、c_k、U 的概率均按照条件概率分布（王建华等，2017）。

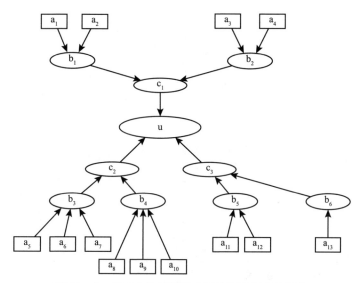

图 11−1 美国食品召回安全风险识别贝叶斯网络

资料来源：GeNieVer 2.0 统计输出。

表 11−2 　　　　　　　　美国食品召回安全风险识别贝叶斯网络节点

节点编号	节点含义	节点取值	节点编号	节点含义	节点取值
a_1	加入多余的材料（用料不当）	存在风险 = x 不存在风险 = y	a_8	标签信息不详细不客观	存在风险 = x 不存在风险 = y
a_2	掺假问题	存在风险 = x 不存在风险 = y	a_9	消费者缺乏食品安全风险意识以及饮食卫生常识导致食用过程中操作不当	存在风险 = x 不存在风险 = y
a_3	化学污染	存在风险 = x 不存在风险 = y	a_{10}	标签未声明的过敏原	存在风险 = x 不存在风险 = y
a_4	残留杀虫剂	存在风险 = x 不存在风险 = y	a_{11}	大肠杆菌、沙门氏菌、李斯特菌等食源性细菌污染	存在风险 = x 不存在风险 = y
a_5	未申报的物质	存在风险 = x 不存在风险 = y	a_{12}	加工缺陷（方法不正确）	存在风险 = x 不存在风险 = y
a_6	未批准的物质	存在风险 = x 不存在风险 = y	a_{13}	龙卷风、暴风雪等突发事件导致食品质量安全问题	存在风险 = x 不存在风险 = y
a_7	未经检疫的物质	存在风险 = x 不存在风险 = y	b_1	道德缺失	存在风险 = x 不存在风险 = y

续表

节点编号	节点含义	节点取值	节点编号	节点含义	节点取值
b_2	技术操作	存在风险 = x 不存在风险 = y	c_1	内部风险	存在风险 = x 不存在风险 = y
b_3	监管失灵	存在风险 = x 不存在风险 = y	c_2	外部风险	存在风险 = x 不存在风险 = y
b_4	信息风险	存在风险 = x 不存在风险 = y	c_3	系统风险	存在风险 = x 不存在风险 = y
b_5	能力局限	存在风险 = x 不存在风险 = y	U	食品召回事件风险	存在风险 = x 不存在风险 = y
b_6	不可抗力	存在风险 = x 不存在风险 = y	—	—	—

资料来源：GeNieVer 2.0 统计输出。

三、贝叶斯网络模型的推理分析

贝叶斯网络根节点 $a_n(n=1, 2, \cdots, 13)$ 和 b_6 的边缘概率分布如表 11 – 3 所示，节点的概率取值含义为"存在风险"和"不存在风险"，x 和 y 概率值与取值含义相对应。

表 11 – 3　　　　　　　　　贝叶斯网络节点边缘概率分布

概率分布	$P(a_1)$	$P(a_2)$	$P(a_3)$	$P(a_4)$	$P(a_5)$	$P(a_6)$	$P(a_7)$
State = x	0.093	0.112	0.004	0.005	0.028	0.003	0.024
State = y	0.907	0.889	0.996	0.995	0.972	0.997	0.976
概率分布	$P(a_8)$	$P(a_9)$	$P(a_{10})$	$P(a_{11})$	$P(a_{12})$	$P(a_{13})$	$P(b_6)$
State = x	0.043	0.011	0.307	0.322	0.033	0.014	0.014
State = y	0.957	0.989	0.693	0.678	0.967	0.986	0.986

资料来源：GeNieVer 2.0 统计输出。

表 11 – 4 表示贝叶斯网络中子节点 c_k 和 U 的条件概率分布。c_1 条件概率表示在其父节点 b_1 和 b_2 分别取 x 和 y 概率值时，所对应的条件概率。例如，如表中所示，在 $b_1 = x$、$b_2 = x$ 情况下，其存在风险的概率为 0.01，不存在风险的概率为 0.99。

表 11 – 4　　　　　　　　　贝叶斯网络中 c_k 和 u 节点条件概率分布

节点编号	State		$P(c_1 = x \mid b_1, b_2)$	$P(c_1 = y \mid b_1, b_2)$
	b_1	b_2		
	x	x	0.010	0.990
c_1	x	y	0.120	0.880
	y	x	0.008	0.992
	y	y	0.210	0.790

节点编号	State		$P(c_2 = x \mid b_3, b_4)$	$P(c_2 = y \mid b_3, b_4)$
	b_3	b_4		
	x	x	0.540	0.460
c_2	x	y	0.040	0.960
	y	x	0.320	0.680
	y	y	0.390	0.610

节点编号	State		$P(c_3 = x \mid b_5, b_6)$	$P(c_3 = y \mid b_5, b_6)$
	b_5	b_6		
	x	x	0.490	0.510
c_3	x	y	0.340	0.660
	y	x	0.009	0.991
	y	y	0.370	0.630

节点编号	State			$P(U = x \mid c_1, c_2, c_3)$	$P(U = y \mid c_1, c_2, c_3)$
	c_1	c_2	c_3		
	x	x	x	0.035	0.965
	x	x	y	0.096	0.904
	x	y	x	0.070	0.930
u	x	y	y	0.262	0.738
	y	x	x	0.099	0.901
	y	x	y	0.368	0.632
	y	y	x	0.370	0.630
	y	y	y	0.500	0.500

资料来源：GeNieVer 2.0 统计输出。

　　根据根节点概率分布以及各个子节点的条件概率分布，借助 GeNieVer 2.0 软件，分别绘制风险因子和相对应的关系图，将所有的先验概率和条件概率输入后，改变所有因子状态，继而产生所有节点的更新状态。在"VALUE"对话框得到所有网络节点的后验概率，如表 11 - 5 所示；后验概率的显示如图 11 - 2 所示。

表 11 - 5　　　　　　　　贝叶斯网络节点参数输入后显示结果

概率分布	P(b₁)	P(b₂)	P(b₃)	P(b₄)	P(b₅)
State = x	0.0210	0.0001	0.0108	0.0980	0.1022
State = y	0.9790	0.9999	0.9892	0.9020	0.8978
概率分布	P(b₆)	P(c₁)	P(c₂)	P(c₃)	P(U)
State = x	0.0140	0.2080	0.3799	0.3638	0.3341
State = y	0.9860	0.7920	0.6201	0.6362	0.6659

资料来源：GeNieVer 2.0 统计输出。

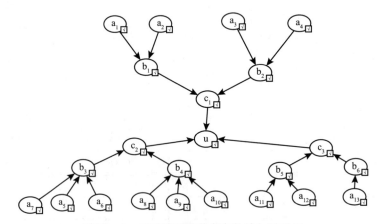

图 11 - 2　贝叶斯网络节点参数输入后显示

资料来源：GeNieVer 2.0 统计输出。

从美国食品召回事件内部性风险分析可以看出，道德缺失风险存在的概率为 0.0210，是最有可能引起美国食品召回事件的内部性风险。道德缺失子节点包括加入多余的材料（用料不当）、掺假问题两个父节点，其中，掺假问题发生概率为 0.11，是最有可能引起道德缺失的风险因子，成为内部性风险的关键因素。

美国政府部门对食品安全仅进行形式认证，食品生产、加工标准由生产加工企业自己提出进行规范，产品投入市场之后由政府监管部门抽查产品一致性。一旦发现食品安全问题，责任完全由食品企业承担，政府要求企业进行召回。在形式认证过程中，食品作为搜寻品和经验品，还具备信任品特性，严重的信息不对称会增加食品企业欺瞒欺诈消费者的概率。

　　针对质量难以观察与监测的问题，容易产生信息孤岛效应，极易出现"柠檬市场"现象。同时，第一产业生产要素供应商由于整体知识结构有限、鉴别能力限制，对农资真伪、质量好坏以及合理使用准则（农药、化肥的投入，以及兽药、饲料添加剂等的使用，考虑禁用范畴、安全使用量、安全间隔期、安全使用次数、是否转基因）诸多情况把握不当，极易造成用料不当风险。因此，针对政府管制规则失灵和执行失灵，为保障食品安全需要充分发挥自律机制与他律机制作用，必须在"利益相关"和"行为他律"的理念下确保企业接受必要的社会监督和法律管制。要发挥供应链的内部保障机制及通过加强供应链纵向协作的紧密度来提高食品安全水平。适应市场经济要求的美国新型农业经营主体应强化残留监控，负责对农业信息采集、整理、统计和发布，完成农产品残留监测计划的运行、调整和完善过程。要建立重大病虫害监测预警和控制体系及危险病虫害检疫和农药检测体系，规范使用准则，以实现农产品供给侧信息的准确性、丰富性和权威性。

　　从美国食品召回事件外部性风险可以看出，信息风险存在的概率为0.098，是最有可能引发美国食品召回事件的外部性风险。信息风险子节点包括标签信息不详细、不客观、消费者缺乏食品安全风险意识以及饮食卫生常识缺乏导致食用过程中操作不当、标签未声明的过敏原三个父节点。其中，标签未声明的过敏原发生概率为0.31，为最有可能引起信息风险的风险因子，成为外部性风险的关键因素。

　　标签是进入市场的产品的信息说明，其对食品的本身不仅起到商品宣传作用，更有助于消费者防范可能的食品风险。全球范围内各个国家食品标识均有标明的致敏原成分，种类达160余种。食品信息为相关政策的制定提供了充足的循证依据，为政府相关部门进行监管决策以及消费者购买产品提供信息参考，企业通过标签信息服务引导消费者更加关注食品品质。

　　要努力提高消费警示的精准程度，包装环节，初级包装、分包及再包装环节包装材料的选择要规范，产品信息的标示也要规范。要积极推行产品分级包装上市和产地标识制度。通过对生产日期、厂商、原料配置等安全资料的披露，有效降低食品安全问题。

　　美国根据食品不同的种类分类有不同的标签要求，食品标签重点内容为过敏原、转基因以及营养成分（包括营养成分标识和营养补充信息）。要对标签上食品用法和用量使用说明严格把控，除了注意安全保障信息外，还应注意消费指导信息包括商品种类、产地以及养殖、天然等具体细节信息。

美国在标签方面特别突出了产品营养和健康的主题，特别注意有关健康和疾病的标签声称内容的规范与管理。要不断挖掘食品质量特性，针对标示内容、标示形式及具体模式与保障机制设计内容，进行食品标签标准工作的沟通和交流，减少自愿标签制度中"负面信息标示逃避"的现象，进而推进标签技术更新发展，规范企业标签行为，使用标签助推市场诚信体系和追溯体系建设，促进食品行业的良性健康发展，提高企业产品市场竞争力。

值得关注的是，食品安全信息与消费者认知之间存在偏差。在消费者安全认知方面，消费者对食品安全信息的关注程度越来越高，但食品安全意识并不高。对于辨别能力低的消费者而言，食品安全决策无一例外是在食品质量科学层面还未确定的情境下发生的"关键事实"，忽视和夸大食品安全风险的现象同时存在。

从美国食品召回事件系统性风险可以看出，能力局限存在的概率为0.1022，是最有可能引发美国食品召回事件的系统性风险。能力局限子节点包括大肠杆菌、沙门氏菌、李斯特菌等食源性细菌污染、加工缺陷（非主动性过失，检测条件缺失，设备技术落后等导致质量安全控制能力不足）两个父节点。其中，大肠杆菌、沙门氏菌、李斯特菌等食源性细菌污染风险发生概率为0.32，是最有可能引起能力局限风险的风险因子，成为系统性风险的关键因素。

病原微生物污染防控是食品安全刚性需求，沙门氏菌广泛存在于自然界中，由沙门氏菌导致的食物中毒通常占细菌性食物中毒的前两位，全球范围内每年因感染沙门氏菌而死亡的人数达10万人以上。与化学成分累积的慢性风险相比，由病原菌引起的急性风险，会引起中毒性或感染性疾病。检验检疫能力局限致使系统性风险时有发生。要依靠科学研究来决定如何应对新兴风险，尤其是具备应对各类食源性疾病的能力。食源性疾病为食用后出现感染性或者中毒性疾病，食物中毒是致病因子激活后呈现的急性暴发形式。在食品企业被动监测情形下，上报的数据多为食品企业自检数据，根据事后暴发确认情况以确定是否为食源性疾病的暴发，上报数据时间多呈现滞后特点，并且多为事后处置。在监管部门主动监测情形下，可以研究食源性疾病相关主要致病菌的动植物来源，完善实验室建设和数据监测电子网络建设等公共卫生监测和预警体系建设。针对食源性疾病多环节污染的可能性，应采取积极措施，控制感染情况的发生。要汇总分析调查和研究结果，并在此基础上发布食源性疾病的预警、采取预防措施和调整相关政策，预防和控制重大公共卫生事件。

第五节　研究结论与讨论

本书基于美国 FSIS 官方网站数据统计美国食品召回事件相关信息，采用贝叶斯网络方法实证分析美国食品召回事件风险，进行概率推理和预测判断，从而做出可靠性更强的风险评估结果。研究结果表明，在内外部风险中，内部道德风险和外部信息风险是关键影响因素；在系统风险中，能力局限是主要风险来源。因此，针对食品供应链的内部性断裂与监管链的外部性破碎，以及多风险因素所造成的系统性破坏现象，应健全食品安全监管机制与风险防范机制，提高应对食品召回风险的能力。

首先，基于食品质量安全的商品属性，针对内部性风险，建立利益博弈均衡机制。制度环境和技术的不确定性诱发的机会主义是食品安全内部风险治理失效的根源。政府监管部门应利用行政资源和社会资源，严格按照召回标准规则表述和程序执行，有效避免"食品质量免检制度"下放任检查、无视社会公众健康权益的弊端。利益相关者应努力改善质量链条上各个参与方的行为策略选择，避免市场均衡结果成为"柠檬市场"。要培养企业主动纠错的积极性，逐步建立市场自治的行业规范，做到社会资源的合理配置。在企业纠错过程中，要重视获取并纠正如农产品生产过程中施药的时间和品种等关键窗口数据。

其次，基于食品质量安全的准公共物品属性，针对外部性风险，完善信息披露机制。风险管理保证了食品安全信息加工处理的合理性。随着风险管理体系在全球范围内的发展以及综合性产业链的采用，食品生产和加工领域从业者、监管者实施了新的食品安全计量标准。这些新标准使建立食品安全控制方法与公共卫生效果之间的联系成为可能。政府监管部门应从监管效率、市场有序度、公信力等管理目标入手，充分探讨质量链相关主体的价值偏好与行为风险特征，以机制约束参与主体的自利性，以信息促沟通，以沟通增信任，最终以相互利益之让渡推进公共利益实现，推进主体间相互信任关系的建构，以克服信息不对称的风险。

从美国食品召回事件的风险性分析结果可以看出，除了食品从业者"无良"行为引发的内部性风险外，人们还必须面对生态环境、产业变迁、科技发展与政策环境所带来的未知的外部性和系统性风险。现代食品安全问题已从传统违法惩罚转换为风险防范与化解。在风险分析的过程中，应跳出实例或相关性的"可得性启发"思维限制，使食品安全检测技术向高通量、非定向筛查转变，不断细化风险规制方式方法。可追溯型体系设计为此提供了可行性方案，称为"检查之上的再检查"，对农产品"运动过程"的所有信息进行记录，形成了一条产品数据链。再者，以官方标准为基础的评价并非唯一考量标准，要提升食品产业链前端与流通组织化程度，并且发挥供应链核心厂商的私人质量规制与政府强制性公共规制在治理食品质量安全问题中的替代效应与互补作用。要对食品（农产品）产业进行横向一体化整合，积极培育并扶持以种植、养殖大户、家庭农场、农民合作社和农业龙头企业为主的新型农业主体，走现代化的全产业链农产品生产经营路线。

第十二章

基于第三方检测的食品安全
共治演化博弈分析

食品安全监管问题的演化过程本质上是利益主体博弈的过程。本书将第三方检测机构纳入分析框架，采用演化博弈模型分析食品利益主体之间博弈选择进化稳定策略的条件与关键影响要素；通过与一元主体现实情境下政府模式监管的对比分析，揭示相关主体的策略选择行为及稳定状态。研究结果表明，在食品安全监管博弈过程中，利益机制运行的博弈矩阵相互作用，呈现出不同的利益博弈演化策略。食品企业利用柠檬市场信息不对称造成的信息交易成本差别提升利润效能；政府监管部门通过完善奖励惩罚机制提高食品安全监管效能；食品第三方检测机构整合企业部门中存在的自愿监督机制，基于承担社会成本的新思路，达到政府—企业—第三方检测机构的演化稳定均衡，从而实现食品安全的社会共治。

第一节 引 言

食品安全事件对公共利益产生巨大影响，基于此，《中华人民共和国食品安全法》于 2015 年 4 月 24 日修订通过，对食品生产、销售、餐饮服务和食用农产品等各个环节管理做出详细规定。《"十三五"国家食品安全规划》提出了预防为主、风险管理、全程控制、社会共治四大基本原则，强调加快形成企业自律、政府监管、社会协同、公众参与、法治保障的食品安全社会共治格局。从政府传统监管到社会共治，反映出对不安全生产行为从处罚到预防的转变。这种转变主要基于传统的政府管理方式并加入更多的信息传递手段（Rouvière et al.，2012）。

第三方检测机构旨在利用信息技术手段，建立应用性、系统性、集成性标准化的检测平台（温禄云等，2014）。作为政策导向较强的行业，国家从体制改革、机构改革、服务质量发展等方面出台多项政策支持第三方检测机构的发展（张居舟，2019；郭莉等，2019），其核心是"国退民进""管办分离"（赵学涛，2015）。在合作共治的治理格局中，第三方组织的市场主体力量在食品安全规制中的地位与作用不断加强（于杨曜和迟翔宇，2016）。政府提供的服务已经不能满足食品生产企业国际化、标准化的需求，企业迫切需要检测咨询、技术培训、行业发展动态、标准解读等配套服务，而这些配套服务恰恰是政府监管面临的难题（张昊，2016）。这主要是由于第三方组织设置行业标准不受政府过度干预，能够在制造业和零售业环节减少食品消费的潜在风险；第三方组织针对食品企业设定绩效目标，协调整个食品安全行业应对风险挑战，进而为食品安全政府监督部门进行食品安全评估提供依据，最终实现食品企业间有价值的信息互动（Winkleret al.，2011）。因此，本书采用演化博弈模型分析食品生产企业、政府监管部门以及第三方检测机构互动条件下食品安全监管的形成机理，以期为社会共治格局下政府食品安全治理政策优化提供理论与实证依据。

第二节　文献综述

由于特征策略空间及收益函数环境复杂性、信息不完全和监管成本等问题的限制，将博弈策略选择行为纳入食品安全治理范畴为研究提供了可行的思路。对食品安全规制的研究主要从三个方面展开。

一是政府主体主导政治性规制博弈。对中央与地方政府食品安全监管演化博弈的分析表明，与正向激励措施有关的成本与收益可以使贫困地区地方政府作出策略调整，诸如通过财政返还和定向转移支付等经济手段实现食品安全环境的长久持续改善（任建超，2017）。在食品企业、地方政府、中央政府三方共同作用下，关键的因素是中央政府对地方政府的视察频度（王冀宁等，2016）。在政府补贴条件下，食品安全监管部门通过加大查处力度或增加处罚强度实施食品安全监管（雷勋平等，2016；王志霞，2020）；将激励与约束机制作用于政府官员与企业二者行为互动的过程中，实现系统均衡的动态演化结果（浦徐进，2013）。

二是社会主体参与社会性规制博弈。研究发现，利益相关者在风险沟通和政府决策方面更具包容性和影响力。风险沟通有助于减轻潜在的食品安全事件，从而更好地解决食品安全问题（Mikulsen，Diduck，2016）。也有学者认为，政府策略空间与行业协会合作收益以及行业协会能力呈反比关系（谢康等，2016）。

三是市场层面资源配置经济性博弈。针对食品供应链质量投入的外部正效应问题，对"搭便车"行为进行惩罚，食品生产企业则会做出策略调整进行质量投入，而政府采用补贴的方式将有利于企业加大质量投入，促使食品行业良性运转（许民力，2012）。此外，食品消费者替代参数也对食品企业与政府监管策略选择发挥重要作用。当参数较低时，在政府监管部门严格监管情况下，企业选择供应质量好食品；而当参数较高时，政府监管部门保持适当的严格监管概率值以及消费者参与到举报行动中，即可激励食品企业安全生产（晚春东，2017）。

通过对国内外文献的分析发现，学者在食品安全监管演化博弈方面进行了大量研究，其理论与方法对本研究具有重大的借鉴与启发意义。然而以往研究主要针对政府与企业或企业之间的博弈展开，鲜见将第三方检测机构引入食品安全演化博弈模型的实证分析中；此外，以往进行动态演化模型博弈支付矩阵分析主要采用奖励与惩罚机制设计，忽视了第三方监督机制所产生的社会效能对策略稳定性的影响。因此，本书采用两两对比博弈的方式分析食品安全监管利益策略的均衡点与均衡解，从而使得食品生产企业与第三方检测机构在社会规制下能够根据外部环境变化做出适时策略调整，实现稳定的演化博弈均衡。

第三节　第三方检测机构参与食品安全监管的演化博弈分析

一、第三方检测机构与食品企业演化博弈的模型假设与支付矩阵

对食品进行检验检测是防范问题食品进入市场的关键环节，构建一个高效、权威的食品检测体系有助于改善我国食品安全状况。由于第三方检测机构对企业进行监管受到官方、非官方管理权限的客观限制，其监管权限的实施需要得到企业的支持，因此，政府监管占主动优势，即在假设政府严格执法条件下，其监管能力高于第三方检测机构。

假设食品企业生产产品分为"质量好"和"质量差"两种，设其概率分别为 x 和 1 − x；第三方检测机构的商业决策分为"认真监督"和"疏于监督"，设其概率分别为 z 和 1 − z。

（1）在食品生产企业生产质量好的产品策略和第三方检测机构选择认真监督的情形下，由于政府食品安全监督考核机制的存在，企业在应对政府食品安全监管中存在相应的交易成本，而完善的第三方认证制度能够向消费者传递产品质量信号，降低了消费者的信息搜集成本、政府的监管成本和企业的内部成本。因此，在此过程中，食品生产企业获得潜在隐性效益为 E。第三方检测机构在完善行业制度过程中，总成本在同等人力、设备、技术和活动范围的前提下用 C_4 表示（综合人力成本 + 交通费 + 通信费 + 耗材成本 + 仪器设备折旧等因素 + 附加成本。其中，附加成本 = 检验设备消耗 + 无标准参照费用）。

（2）在食品生产企业选择生产质量好产品策略和第三方检测机构选择疏于监督的情形下，食品安全公众满意度提升，进一步创造社会效益 B。

（3）在食品生产企业选择生产质量差产品策略和第三方检测机构选择认真监督策略的情形下，食品企业选择生产质量差策略所获得的短期收益为 R。由于市场上出现问题产品，第三方机构的检测实力和检测效率的竞争能够全面提升整个食品行业的质量检测水平，改善食品安全状况。假设在此情形下的策略选择中第三方检测机构自然而然地形成行业竞争的概率为 β，行业良性竞争的产权为 p，二者乘积可以直接等同于行业内部收益。

（4）在食品生产企业生产质量差的产品策略和第三方检测机构选择疏于监督的情形下，与政府监管不分离情境下的效用有一定差距。

根据以上假设，建立食品安全第三方检测机构与食品企业之间的博弈支付矩阵，见表 12 − 1。

表 12 − 1　　食品生产企业与第三方检测机构的博弈支付矩阵

食品企业（B）	第三方检验机构（C）	
	认真监督	疏于监督
质量好	$(r + E, B − C_4 + p\beta)$	$(r + E, B)$
质量差	$(−R − E, B + p\beta − C_4)$	$(R − E, −B)$

资料来源：笔者计算分析。

二、食品生产企业的演化策略稳定性分析

对食品生产企业而言，生产质量好的产品的收益 I_{B1} 为：

$$I_{B1} = z(r + E) + (1 - z)(r + E) \qquad (12 - 1)$$

食品生产企业生产质量差产品的收益 I_{B2} 为：

$$I_{B2} = z(-R - E) + (1 - z)(R - E) \qquad (12 - 2)$$

因此，食品生产企业的期望收益 I_B 为：

$$I_B = E(x) = x I_{B1} + (1 - x) I_{B2} \qquad (12 - 3)$$

根据 Malthusian 方程，食品生产企业选择供应质量好的产品的复制动态方程为：

$$F(x) = \frac{dx}{dt} = x(I_{B1} - I_B) = x(1 - x)(I_{B1} - I_{B2}) \qquad (12 - 4)$$

令 $F(x) = 0$ 可得 $x^* = 0$，或 $x^* = 1$，或 $z^* = R - r - 2E/2R$

此时，根据微分方程稳定性考虑演化稳定策略选择。计算整理可得，当 $F(x^*) = 0$ 时，x^* 为演化稳定策略。具体分析如下。

（1）当 $z^* = R - r - 2E/2R$ 时，$F(x) = 0$，即当第三方检测机构认真监管的概率为 $z = z^*$ 时，食品生产企业是否提供质量安全的食品的初始比例都是稳定的。

（2）当 $z^* > R - r - 2E/2R$ 时，在区间（0，1）内，复制动态方程（12 - 4）有两个平衡点 $x_1^* = 0$ 和 $x_2^* = 1$，且 $F'(0) > 0$、$F'(1) < 0$。即当 $z > z^*$ 时，$x_2^* = 1$ 是全局唯一的演化稳定策略。

（3）当 $z^* < R - r - 2E/2R$ 时，在区间（0，1）内，复制动态方程（12 - 4）有两个平衡点 $x_1^* = 0$，和 $x_2^* = 1$，且 $F'(0) < 0$、$F'(1) > 0$。即当 $z < z^*$ 时，$x_1^* = 0$ 是全局唯一的演化稳定策略，食品企业动态相位图如图 12 - 1 所示。

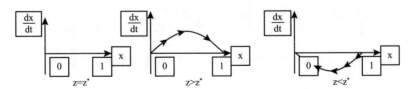

图 12 - 1　食品企业受第三方检测机构影响的复制动态相位

资料来源：笔者计算分析。

三、第三方检测机构的演化策略稳定性分析

对于第三方检测机构而言，认真监督时的收益 I_{C1} 为：

$$I_{C1} = x(B - C_4 + p\beta) + (1 - x)(B - C_4 + pB) \tag{12-5}$$

第三方检测机构选择疏于监督时的收益 I_{C2} 为：

$$I_{C2} = xB + (1 - x)(-B) \tag{12-6}$$

因此，保障食品安全使第三方检测机构获得的期望收益 I_C 为：

$$I_C = zI_{C1} + (1 - z)I_{C2} \tag{12-7}$$

根据 Malthusian 方程，构建第三方检测机构监督的复制动态方程为：

$$F(z) = \frac{dz}{dt} = z(I_{C1} - I_C) = z(1 - z)(I_{C1} - I_{C2}) \tag{12-8}$$

令 $F(z) = 0$，得 $z^* = 0$，或者 $z^* = 1$，或者 $x^* = 1 - (C_4 - p\beta/2B)$ 同理可得 $F'(z^*) = 0$，此时，z^* 为演化稳定策略。具体分析如下。

（1）当 $x^* = 1 - (C_4 - p\beta/2B)$ 时，$F(z) = 0$，即当第三方检测机构发挥职能的概率为 $x = x^*$ 时，第三方检测机构无论选择何种策略，其初始比例都是稳定的。

（2）当 $x^* > 1 - (C_4 - p\beta/2B)$ 时，在区间 （0，1） 内，复制动态方程 （12 - 8） 有两个平衡点 $z^* = 0$ 和 $z^* = 1$，且 $F'(0) < 0$、$F'(1) > 0$。即当 $x > x^*$ 时，$z_1^* = 1$ 是全局唯一的演化稳定策略。

（3）当 $x^* < 1 - (C_4 - p\beta/2B)$ 时，在区间 （0，1） 内，复制动态方程 （12 - 8） 有两个平衡点 $z^* = 0$ 和 $z^* = 1$，且 $F'(0) > 0$、$F'(1) < 0$。即当 $x < x^*$ 时，$z_2^* = 0$ 是全局唯一的演化稳定策略。图 12 - 2 反映了上述情形的动态相位图。

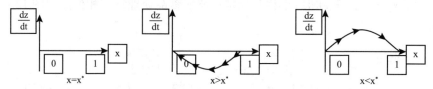

图 12 - 2　第三方检测机构受食品生产企业影响的复制动态相位

资料来源：笔者计算分析。

四、第三方检测机构与食品生产企业选择策略的演化趋势分析

食品生产企业与第三方检测机构演化博弈关系由式 （12 - 4）、式 （12 - 8） 两式构成演化系统，该系统有 5 个均衡点：（0，0）、（1，0）、（1，1）、（0，1） 和 （R - r - 2E/2R，1 - (C_4 - p\beta/2B)）。由复制动态方程求出的均

衡点并不一定是系统的演化稳定策略，在博弈的过程中，各个利益主体进行策略选择实现局部和整体双重利益最大化的均衡稳定状态，用 ESS 表示。借助 Friedman 检验方法，可以用 Jacobian 矩阵来对其分析，系统均衡解能够很好地解释系统稳定性问题。上述食品生产企业与第三方检测机构演化博弈系统的 Jacobian 矩阵 J 可以表示为：

$$\begin{pmatrix} (1-2x)(2E+r+2Rz-R) & 2xR(1-x) \\ z(z-1)(-2B) & (1-2z)(B+p\beta-C_4-2xB+B) \end{pmatrix}$$

如果满足：$a_{11} + a_{12} < 0$（Jacobian 矩阵的迹条件，用符号 trJ 表示），$a_{11}a_{22} - a_{21}a_{12} < 0$（Jacobian 矩阵的行列式条件，用符号 detJ 表示），那么，复制动态方程的平衡点达到局部稳定的状态，且该平衡点就是博弈双方的演化稳定策略选择。采用 Jacobian 矩阵的局部稳定分析法，结合上述动力系统方程中 5 个均衡点的排列组合，进行稳定性分析的结果如表 12-2 所示。

表 12-2　　模型 I 食品企业与第三方检测机构策略演化稳定性分析

均衡点	Det(J)	Tr(J)	(a)	(b)	(c)	(d)
(0, 0)	(I-R)(2B+M)	I-R+2B+M	不稳定	未知	鞍点	未知
(0, 1)	-(I+R)(2B+M)	I+R-2B-M	鞍点	未知	鞍点	未知
(1, 0)	-(I-R)M	-(I-R)+M	鞍点	ESS	不稳定	鞍点
(1, 1)	(I+R)M	-I-R-M	ESS	鞍点	ESS	鞍点
(x*, z*)	—	0	鞍点	鞍点	鞍点	鞍点

资料来源：笔者计算分析。

设 $I = r + 2E$、$M = p\beta - C_4$，根据经济规制下的食品企业与第三方部门博弈收益因子状况的对比，可分为如下四种情形：

(a) $r + E > R - E$，$B + p\beta - C_4 > B$

(b) $r + E > R - E$，$B + p\beta - C_4 < B$

(c) $r + E < R - E$，$B + p\beta - C_4 > B$

(d) $r + E < R - E$，$B + p\beta - C_4 < B$

结论一：如果食品生产企业供应质量差产品的短期整体效能 R-E 小于供应质量好产品的长期效能 r+E，企业效能指标综合评判处于较高水平，当第三方机构认真检测净收益 $B + p\beta - C_4$ 大于疏于监督的净收益 B 时，根据 Jacobian 矩阵局部稳定性分析法（见表 12-2），利益主体的演化博弈唯一趋向稳定于点（1，1）。即食品生产企业供应质量好产品、第三方检测机构认真监督，充分说明第三方检测机构在解决企业与政府之间作为监管对象与监管者之间利益合谋的问题上发挥了重要作用，解决了"市场—政府"二元主体监管模式下的市场失灵和政府失灵问题。

结论二：如果食品生产企业供应质量差产品的短期整体效能 R-E 小于供应质量好产品的长期效能 r+E，但是第三方检测机构认真监督净收益 B+pβ-C$_4$ 小于疏于监督的净收益 B 时，（1，0）为最优策略。即食品生产企业供应质量好产品、第三方检测机构疏于监督，导致食品生产企业做出的策略调整不足以使第三方检测机构做出相应的策略调整。

结论三：如果食品生产企业供应质量差产品的短期整体效能 R-E 大于供应质量好产品的长期效能 r+E，当第三方检测机构认真监督检测净收益 B+pβ-C$_4$ 大于疏于监督的净收益 B 时，（0，1）为系统的均衡解。当 pβ>C$_4$ 时，且行业竞争概率 β 以及竞争的首要优势产权 p 足够大，行业竞争概率以及竞争的首要优势产权发挥作用，从而使得稳定策略选择为1。在此情形下，为保障第三方检测机构的良性发展，应加强第三方检测机构内部竞争并明确第三方检测机构的产权。

结论四：在第四种情形下，如表 12-2 所示，利益主体的演化博弈不存在局部稳定点和稳定状态，演化结果带有较大的随机性，没有形成规律性结论。

第四节　第三方检测机构与政府监管部门的演化博弈对比分析

一、政府监管部门与食品生产企业演化博弈的模型假设与支付矩阵

食品生产企业与政府监管部门之间的进化稳定策略的条件与关键影响要素如下：食品企业产品分为"质量好"和"质量差"，设其概率分别为 x 和 1-x；政府监管部门的战略空间分为"严格执法"和"维持原状"，设其概率分别为 y 和 1-y（见表 12-3）。

（1）在企业选择生产质量好产品策略和政府监管部门选择严格执法策略的情形下：假设企业固定成本和单位成本为 0，为解决潜在的食品质量安全风险需要质量好的企业为食品额外付出改造成本后的收益用 r 表示；政府

的监管受到行政成本 C_1（人力物力、非法转走、企业倒闭税收减少、食品供应链相关利益方的损失、其他公共损失）和行政收益 I_1（生产环节和消费环节税收、政府声誉提升政绩公益收益）平衡的影响，其限制了政府监督的广度及深度。

（2）在企业选择生产质量好产品策略和政府监管部门选择维持原状策略的情形下：食品企业的收益同样为 r；政府监管部门不需要付出行政成本 C_1 即可享受 I_1 的行政收益。

（3）在企业选择生产质量差产品策略和政府监管部门选择严格执法策略的情形下：当监管部门滥用职权时，若企业采取行贿行为，企业向政府监管部门行贿的贿金为成本 $\alpha C_2(0 < \alpha < 1)$；当监管部门不滥用职权时，若企业行贿，则监管部门对贿金实施没收处置，基于惩罚机制，产生罚金为 F，即企业成本增加 $(1 - \alpha)F$。再者，当监管部门把没收的财产上交国库时，基于奖励机制，中央政府将给予地方监管部门适当的奖励金，为 $k[\alpha C_2 + (1 - \alpha)F](0 < k < 1)$。

（4）在企业选择生产质量差产品策略和政府监管部门选择维持原状策略的情形下，监管部门失责造成的损失为 C_3（包括信誉损失和对形成的社会成本进行问责与惩罚的负效用）。

表 12 - 3　　　　　食品企业与政府监管部门的博弈支付矩阵

食品企业（B）	政府监管部门（A）	
	严格执法（y）	维持原状（1 - y）
质量好（x）	(r, $I_1 - C_1$)	(r, I_1)
质量差（1 - x）	($-\alpha C_2 - R - (1 - \alpha)F$, $k(\alpha C_2 + (1 - \alpha)F) + I_1 - C_1$)	(R, $-C_3$)

资料来源：笔者计算分析。

二、食品生产企业的演化过程策略稳定性分析

食品生产企业基于"柠檬市场"生产质量好的产品的收益 I_{B1} 为：

$$I_{B1} = yr + (1 - y)r = r \qquad (12 - 9)$$

食品生产企业基于"柠檬市场"生产质量差的产品收益 I_{B2} 为：

$$I_{B2} = y(-\alpha C_2 - R - F + \alpha F) + (1 - y)R \qquad (12 - 10)$$

因此，食品企业的期望收益 I_B 为：

$$I_B = E_{(x)} = xI_{B1} + (1 - x) \tag{12 - 11}$$

食品企业选择生产质量好产品的复制动态方程为:

$$F(x) = \frac{dx}{dt} = x(I_{B1} - I_B) = x(1 - x)(I_{B1} - I_{B2}) \tag{12 - 12}$$

令 $F(x) = 0$, 可得 $x^* = 0$, 或 $x^* = 1$, 或 $y^* = R - r/2R + F - \alpha F + \alpha C_2$

三、政府监管部门的演化策略选择稳定性分析

政府监管部门选择严格执法时的收益 I_{A1} 为:

$$I_{A1} = x(I_1 - C_1) + (1 - x)[k(\alpha C_2 + (1 - \alpha)F) + I_1 - C_1] \tag{12 - 13}$$

政府监管部门选择维持问题原状时的收益 I_{A2} 为:

$$I_{A2} = xI_1 + (1 - x)(- C_3) \tag{12 - 14}$$

因此, 政府监管部门获得的期望收益 I_A 为:

$$I_A = yI_{A1} + (1 - y)I_{A2} \tag{12 - 15}$$

政府监管部门采取严格执法策略的复制动态方程为:

$$F(y) = dy/dt = y(I_{A1} - I_A) = y(1 - y)(I_{A1} - I_{A2}) \tag{12 - 16}$$

四、食品生产企业与政府监管部门策略的演化趋势分析

食品生产企业与政府监管部门演化博弈关系由式 (12 - 12)、式 (12 - 16) 两式构成演化系统, 该系统有 5 个均衡点: $(0, 0)$、$(1, 0)$、$(1, 1)$、$(0, 1)$ 和 $(R - r/2R + F - \alpha F + \alpha C_2, 1 - C_1/k\alpha C_2 + Kf - k\alpha F + I_1 - C_3)$, 同理, 上述系统的 Jacobian 矩阵 J 可以表示为:

$$\begin{pmatrix} (1 - 2x)(r + \alpha yC_2 + 2yR + yF - y\alpha F - R) & x(1 - x)(\alpha C_2 + F - \alpha F) \\ y(1 - y)(- k\alpha C_2 - kF + k\alpha F - I_1 - C_3) & (1 - 2y)(I_{A1} - I_{A2}) \end{pmatrix}$$

稳定性分析, 见表 12 - 4。

表 12 - 4　　　　政府监管部门和食品企业策略演化稳定性分析

均衡点	Det(J)	Tr(J)	(e)	(f)	(g)	(h)
$(0, 0)$	$(r - R)G$	$(r - R) + G$	ESS	鞍点	鞍点	不稳定

续表

均衡点	Det(J)	Tr(J)	(e)	(f)	(g)	(h)
(0, 1)	− HG	H − G	不稳定	鞍点	不稳定	鞍点
(1, 0)	− (R − r)C$_1$	(R − r) − C$_1$	鞍点	鞍点	ESS	ESS
(1, 1)	− HC$_1$	− H + C$_1$	鞍点	鞍点	鞍点	鞍点
(x*, y*)	—	0	鞍点	鞍点	鞍点	鞍点

资料来源：笔者计算分析。

设 $G = k[\alpha C_2 + (1 - \alpha)F] + I_1 - C_1 - (-C_3)$，$H = r + \alpha C_2 + R + F - yF$，根据奖励惩罚机制下的食品企业与政府监管部门博弈收益状况的对比，可分为如下四种情形：

（e）$r < R$，$G < 0$；（f）$r < R$，$G > 0$；（g）$r > R$，$G < 0$；（h）$r > R$，$G > 0$。

结论五：如果食品企业供应质量差产品的短期收益 R 小于供应质量好产品的长期收益 r，企业为了利益驱逐仍然选择生产质量差的产品。并且在此前提下，政府采取严格执法策略选择的收益 $k[\alpha C_2 + (1 - \alpha)F] + I_1 - C_1$ 小于疏于监管 $-C_3$ 的收益。（0，0）策略组合即为演化稳定点。此时，监管者与企业牺牲消费者利益，成为利益共同体，利益主体的演化博弈唯一趋向稳定于点（0，0）。

结论六：如果食品生产企业供应质量差产品的短期收益 R 小于供应质量好产品的长期收益 r，政府采取严格执法措施的收益 $k[\alpha C_2 + (1 - \alpha)F] + I_1 - C_1$ 大于采取疏于监管 $-C_3$ 的收益，但由于 Jacobian 矩阵中行列式值和主对角线乘积条件不匹配，二者演化博弈没有局部稳定点，政府监管部门不足以使得食品生产企业策略发生转变，最终结果带有随机性，应视具体情况而定。

结论七：如果食品企业供应质量差产品的短期收益 R 小于供应质量好产品的长期收益 r，企业会提高生产安全食品的可能性。因此，食品生产企业愿意支付一定的额外质量成本保障其食品安全性。因此，无论政府监管部门做出何种策略选择，无论其监管收益如何变动，利益主体的演化博弈唯一趋向于稳定点（1，0）。

结论八：由上述分析可见，如果企业生产假冒伪劣产品的长期收益 r 小于短期收益 R，或者政府监管不严格导致处罚执行力度较差或罚金较低，企业仍然能获得生产假冒伪劣产品的额外利润，其进化稳定策略仍然维持原状。而政府监管如果缺乏相关的激励与约束，相对于积极监管得到的奖励

k[αC$_2$ + (1 − α)F] 和消极监管所受到的处罚 − C$_3$,导致监管成本大于监管收益,奖励惩罚机制运转失效,则会形成监管者放弃积极监管的长期策略选择,无法实现(1,1)均衡策略组合。这主要是由于存在"激励悖论"的现象,即过度加强政府监管部门奖励与惩罚机制,虽然短期内使有利于提高监管部门的监管效率,但长期来看并不能实现监管部门的严格执法策略,却有可能出现增加食品企业生产不安全食品的现象。也就是说,提高监管的频率和严格程度,短期内会使企业更加重视食品安全,长期却会使政府监管部门放松监管,导致政府失灵。

第五节　讨　　论

本书采用动态演化博弈模型分析第三方检测机构与食品生产企业之间的策略选择互动行为及其稳定状态。通过第三方检测机构参与监管与政府传统监管博弈分析的对比,有以下三点发现。

第一,第三方监管具备(1,1)、(1,0)、(0,1)三种稳定均衡状态,而政府传统监管方式只有(0,0)、(1,0)两种稳定均衡状态,政府监管难以实现监管帕累托最优的稳定状态。这主要是由于在一维价值、一元主体的现实情境下,政府监管部门在制定、运行相关的食品安全法规制度时,由于监管成本高、信息不对称、单一模式缺乏竞争压力等因素导致政府监管效果低于第三方检测机构。而第三方检测机构作为市场主体具备自主治理的能力,参与监管但不产生政策性负担,可以防止政府规制俘获问题的产生。第三方食品检测机构的服务目的在于降低企业的交易成本,提升企业专业化程度,为保证检测机构自身的可持续发展,具有动力采取公平公正策略保障集体声誉不受影响。

第二,制度的均衡是各利益主体多次博弈所达成的均衡结果,第三方组织设置的行业标准不受政府过度干预且标准水平高于政府影响标准,有利于提高企业食品安全水平。第三方检测机构在食品安全监管中作为各方利益协调者,缩短了利益机制中制度供给与制度需求均衡中信息的传递与共享过程,从而高效调节制度供求的均衡成本。因此,政府应完成从市场秩序的规制者向监管结构的参与治理者角色变换。通过制度建构给予第三方组织权利配给,并在认证与激励之间进行实践性的监督规制权分配。此外,鼓励食品生产企业参与到社会共治格局中完善自我监督机制,使食品企业实现从单纯盈利到积极承担社会责任、追求短期利益 R 与长期利益 r 的均衡转变。

　　第三，仅仅依靠政府自上而下的监管模式，无法从根本上消除食品生产中的"柠檬市场"。由于政府监管部门绝对的主动权，其对食品安全风险的判断完全来源于其内部研判，可能缺乏对来自社会理性声音的借鉴与吸收。而第三方组织由于存在内部条件下行业之间的良性竞争、外部条件下与企业的信息交换，能够实现检测机构与企业之间演化策略的良性互动，从而达到 (1, 1) 的稳定均衡状态。通过与政府传统监管模式的对比分析，结果表明第三方检测机构能够克服市场失灵与政府失灵的双重弊端。

第六节　结论与启示

　　本书基于食品安全社会共治背景构建第三方介入食品安全监管的博弈模型，通过求得三个利益主体的复制动态方程、博弈动力系统与稳定性分析结果，分析第三方检测机构与食品企业食品安全监管机构博弈的具体约束条件和情境，并与传统政府监管模式进行对比分析。研究结果表明，第三方检测机构与食品企业协同演化有利于促进双方的合作向良性方向发展。第三方检测机构行业内部竞争概率、产权情况以及检测成本是影响企业与第三方检测机构演化博弈行为的关键因素。第三方检测机构认真监管的内部收益大于外部支出时，食品企业供应质量差与质量好产品的整体净收益 R - E 小于 r - E，食品企业愿意支付　定的额外成本保障企业长远运营目标。与政府监管模式相比，由于政府监管部门内外部权衡利弊的净收益小于监督成本，不足以形成有效的奖励与约束机制，从而导致无法实现 (1, 1) 状态下监管对象与监管者之间的双赢均衡状态。

　　我国食品安全治理多维价值取向的应然逻辑是食品安全利益主体多元参与模式，本质上反映了食品安全监管从政治性规制到经济性规制再到社会性规制渐进式过渡的转变过程。因此，政府部门应积极引导第三方检测机构参与食品安全监管，从政策环境、资金支持和制度管理等方面加强对第三方检测机构的扶持力度，采用竞争机制，促使第三方检测机构建立基于持续改进理念的严格质量管理体系。

　　此外，引入第三方食品安全检测机构，并不代表政府力量的完全退出，而是要实现食品安全领域"政府—市场—社会"治理资源的合理优化配置，实现政府主导、市场主体与社会参与兼容的多主体治理模式，实现从"管制"到"治理"的职能性转变，消除食品安全产业链中企业和消费者之间的信息不对称，降低不确定性带来的交易成本，从而使得第三方主体成为更有效监管服务的提供者，实现食品安全监管的多元共治格局。

第十三章

结　　论

产业链升级背景下食品安全突发事件对产业链价格的影响引起学术界广泛关注。这主要是由于价格是市场机制的核心，食品安全突发事件导致价格波动突破市场均衡的供求关系；价格的超常规波动不仅对相关企业带来严重影响，部分中小企业被淘汰，而且行业增长几乎停滞，波及居民的日常生活。通过对食品安全突发事件价格冲击效应的理论与实证分析，本书以生猪疫情突发事件和重大禽流感突发事件为例，分别分析了其价格波动特征、研究得出以下结论。

第一，食品安全事件风险分布于生产、加工、流通和消费各个环节。从生产环节来看，农药、兽药残留是主要的风险因素，其次是自然环境污染；从加工环节来看，使用不安全辅料是最为关键的风险因素，不合格原料以及加工环境不卫生也会带来较大风险；流通环节相对风险较低；从消费环节来看，废弃物品处置不当是主要的风险因素，餐饮场所不达标对食品安全事件的发生也会带来较大隐患。因此，应通过实施"从农田到餐桌"的全过程风险控制、加强对食品产业链关键环节的监管等策略，降低食品安全事件发生的风险。

第二，食品安全突发事件存在事件初期、暴发期以及消退期三个阶段。生鲜农产品突发事件导致价格沿猪肉产业链传导存在结构性突变，猪肉价格传导的区制转移特征主要由突发事件不同发展阶段以及发生发展过程中的转化与耦合效应导致。食品安全突发事件导致猪肉生产者价格与消费者价格偏离原有均衡。外部冲击以及产业链不同环节市场力量共同作用导致产业链不同环节价格波动程度的变化，零售端市场主体应对生鲜农产品突发事件的能力强于生产者。以生猪疫情突发事件为例，生猪疫病发生初期存在人为过失等可避免风险因子，其影响范围的不断扩大主要通过空间的扩大和烈度的增强两个方向，同时生猪疫情突发事件将会导致猪肉价格异动事件和舆情事件的发生。

第三，食品安全突发事件对相关行业具有显著的冲击效应。生鲜农产品价格波动具有周期性与季节性特征，外部冲击对价格波动的影响具有即时性，其冲击效应会持续 10 个月左右。研究发现，生猪疫情突发事件信息与猪肉零售价格变点具有相关性，信息冲击对猪肉零售价格波动产生杠杆效应，导致猪肉价格波动呈现集簇性、非对称性、记忆性与持续性特征。重大禽流感疫情突发事件对我国生鲜农产品市场稳定带来巨大冲击。重大禽流感疫情事件对鸡蛋价格具有较大的冲击效应、对鸡蛋价格的冲击需要 8～12 个月恢复到原有运行轨迹。

第四，突发事件导致不同区制内生猪成本价、批发价格与猪肉零售价格在传导方向与传导幅度上均存在区制转移效应与非对称性。在不同区制内，生鲜农产品突发事件对生产者价格与零售价格具有不同影响，外部冲击导致猪肉零售价格的调整幅度均大于生产者价格，且二者调整方向存在差异。生猪疫情发病数量与猪肉集市价格存在显著的非线性关系，表现出明显的门槛特征与结构性变化。门槛值前后生猪疫情对猪肉集市价格的影响由低体制促进转变为高体制促进状态，跨越门槛值后猪肉集市价格波动的风险性大大增加。我国生猪疫情的价格冲击效应具有显著的地区差异，样本期内，江西、湖北、广西、重庆、天津受生猪疫情冲击均表现出高体制转换特征，而内蒙古、吉林、浙江、河南、湖南、广东、四川、贵州、云南、甘肃这 10 个省（区、市），则表现为不连续跨越门槛值特征。生猪疫情突发事件对消费者价格的冲击大于对生产者价格的冲击。由于产业结构变化以及产业链下游企业力量的扩张，零售端市场主体应对危机的能力高于分散的养殖户，产业链上游更多承担了外部冲击价格波动的调整成本。

因此，在突发事件初期和暴发期价格剧烈波动阶段，政府应根据不同区制价格波动特征采取相机抉择策略，实施反周期政策，降低价格过度波动对产业链弱势主体的影响。在居民消费水平、食品安全意识不断提高的大背景下，面对生鲜农产品突发事件频发的现实，政府应加强生鲜农产品全产业链食品安全监管，提高食品安全事件的风险预警、识别与处置能力，应对食品安全突发事件应加强事前监管与事后食品召回。由于食品行业多主体的存在以及目标的差异，不同主体表现出不同的利益博弈策略，因此，食品行业食品安全监管的目标是实现政府－企业－第三方检测机构的演化稳定均衡，通过第三方检测机构整合企业部门中存在的自愿监督机制，通过完善奖励惩罚机制提高食品安全政府监管效能，从而实现食品安全的社会共治。

此外，食品安全突发事件导致的价格传导非对称与我国猪肉市场结构、市场力量变化有较大关系。随着猪肉产业链升级，猪肉零售端市场集中度不断提高，具有市场势力的企业面临一个弯曲的需求曲线，各企业为降低突发事件对企业利润的影响，利用信息传导的非对称性或企业联盟，将产业链上游价格波动对下游冲击的影响转嫁于消费者，从而产生价格传导幅度的非对称性。已有研究也证实，猪肉零售价格更容易上涨而不是下跌，猪肉价格处于"上涨阶段"的持续概率和持续期大于处于"下跌阶段"的持续概率和持续期。此外，在食品安全事件的消退期，随着政府政策干预以及召回、溯源等措施的实施，消费者信心逐渐恢复，零售价格受到的冲击降低。因此，政府面对外部冲击应实施相机抉择的价格稳定机制，建立猪肉价格波动的风险预警体系，提前应对价格波动对相关行业与主体的冲击，确保猪肉市场稳定运行。由于产业链价格传导非对称性的存在，政府应积极实施"互联网＋生猪"战略，减少信息不对称，提升供需撮合效率，使行业上下游的供需信息、行情变化、各方专家的意见均快捷地传递到产业链各环节，减少外部冲击导致的信息盲点、信息滞后带来的经济损失。

参考文献

一、中文文献

[1] 白朋飞. 借鉴国外经验完善我国农产品价格支持政策探析 [J]. 价格月刊, 2014 (10).

[2] 陈勇强. "农超对接"模式下超市与集贸市场农产品价格水平差异分析 [J]. 广东农业科学, 2013 (7).

[3] 陈宇峰, 薛萧繁, 徐振宇. 国际油价波动对国内农产品价格的冲击传导机制: 基于 LSTAR 模型 [J]. 中国农村经济, 2012 (9).

[4] 陈秀娟. 大数据助力食品安全风险分析 [J]. 中国社会科学报, 2017 (8).

[5] 程培堙. 食品安全事件的价格冲击效应 [J]. 华南农业大学学报 (社会科学版), 2015 (1).

[6] 迟菲, 陈安. 海上溢油事件防范与应急管理绩效考核和奖惩机制的研究 [J]. 科技促进发展, 2011 (7).

[7] 储节旺, 朱玲玲. 情报视角下的网络突发事件应管理研究 [J]. 情报杂志, 2016 (9).

[8] 程国强, 胡冰川, 徐雪高. 新一轮农产品价格上涨的影响分析 [J]. 管理世界, 2008 (1).

[9] 陈菁菁, 黄洁. 疫情事件对农产品市场价格冲击的测度 [J]. 统计与决策, 2019 (22).

[10] 蔡勋, 陶建平. 禽流感疫情影响下家禽产业链价格波动及其动态关系研究 [J]. 农业现代化研究, 2017 (2).

[11] 蔡勋, 陶建平. 货币流动性是猪肉价格波动的原因吗——基于有向无环图的实证分析 [J]. 农业技术经济, 2017 (3).

[12] 蔡少杰, 周应恒. 内生结构性、短期外生冲击与鸡蛋价格波动——基于 31 省 (市、区) 2005~2011 年的面板数据 [J]. 湖南农业大学学报 (社会科学版), 2014 (3).

[13] 陈晓. 完全竞争、信息与农产品价格: 以猪肉价格为例 [J]. 价格月刊, 2011 (12).

[14] 曹先磊，张颖. 我国生猪饲料市场价格波动特征分析——基于产业链视角 [J]. 华中农业大学学报（社会科学版），2017（1）.

[15] 蔡少杰，周应恒. 基于 Nerlove 模型的中国鸡蛋供给反应实证分析 [J]. 统计与信息论坛，2014（7）.

[16] 柴建，朱青，张钟毓，肖浩，汪寿阳. 国际油价突变识别与分析 [J]. 中国人口资源与环境，2014（1）.

[17] 陈瑞义，石恋，刘建. 食品供应链安全质量管理与激励机制研究——基于结构、信息与关系质量 [J]. 东南大学学报（哲学社会科学版），2013（4）.

[18] 陈素云. 内部控制质量、制度环境与食品安全信息披露 [J]. 农业经济问题，2016（2）.

[19] 钞贺森，戈阳. 价格波动、农民种植行为与种植业结构调整 [J]. 价格月刊，2017（3）.

[20] 柴文龙. 剩余资本模型下资本供应链对突发事件的协调应对 [J]. 中国流通经济，2017（4）.

[21] 陈忆娴. 食品安全事件对消费者购买决策的影响研究——以三鹿奶粉事件为例 [J]. 现代商业，2019（16）.

[22] 陈倩男. 食品安全事件对经济与大众消费的影响及对策——以非洲猪瘟事件为例 [J]. 经济师，2020（3）.

[23] 陈立条，贾伟强. "农超对接"农产品供应链运作模式问题与对策研究 [J]. 物流科技，2016（8）.

[24] 常帅，刘嘉，叶静，陈焕春，曹胜波. 新发展理念视阈下的我国畜禽疫病防控 [J]. 中国科学院院刊，2019（2）.

[25] 邓学龙，欧阳红兵. 价格持续期、信息传递与市场微观结构——基于非对称 ACD 模型的实证分析 [J]. 管理评论，2012（2）.

[26] 邓云，王华. 供应链视角下食品安全风险因子分析 [J]. 江苏商论，2019（10）.

[27] 董晓霞. 中国生猪价格与猪肉价格非对称传导效应及其原因分析——基于近20年的时间序列数据 [J]. 中国农村观察，2015（4）.

[28] 杜两省，周彬，段鹏飞. 农产品价格上涨和通货膨胀的互动机制及共同原因 [J]. 经济理论与经济管理，2012（6）.

[29] 傅鸿鹏，唐耀武，李可群，贺雄. 肺炎样病例监测与发热门诊在预警 SARS 疫情中的作用对比分析 [J]. 疾病监测，2005（5）.

[30] 方雯，冯耕中，陆凤彬，汪寿阳. 重大事件发生背景下的中国钢

材市场价格主导作用研究 [J]. 管理评论, 2014 (8).

[31] 范为, 房四海. 金融危机期间黄金价格的影响因素研究 [J]. 管理评论, 2012 (3).

[32] 方晨靓, 顾国达. 农产品价格波动国际传导机制研究——一个非对称性视角的文献综述 [J]. 华中农业大学学报 (社会科学版), 2012 (6).

[33] 冯永辉, 赵黎. 如何熨平猪周期? [J]. 今日养猪业, 2017 (S1).

[34] 龚强, 雷丽衡, 袁燕. 政策性负担、规制俘获与食品安全 [J]. 经济研究, 2015 (8).

[35] 郭利京, 韩刚, 胡联, 孔小红. 信息不对称、纵向市场特征与猪肉价格传递非对称性 [J]. 农林经济管理学报, 2014 (4).

[36] 郭莉, 张宏博, 郑玉山, 靳志敏. 深化机构改革背景下食品检验检测机构存在的问题及对策 [J]. 中国食品药品监管, 2019 (5).

[37] 高秦伟. 美国食品安全监管中的召回方式及其启示 [J]. 国家行政学院学报, 2010 (1).

[38] 顾国达, 方晨靓. 农产品价格波动的国内传导路径及其非对称性研究 [J]. 农业技术经济, 2011 (3).

[39] 郭劲光. 政府救济政策制定的时序结构与制度安排: 基于大宗粮食商品价格波动的视角 [J]. 农业经济问题, 2010 (12).

[40] 顾金峰. 瘦肉精事件对猪肉产业链价格波动的影响 [J]. 江苏农业科学, 2016 (12).

[41] 古川. 社区蔬菜直销模式的形成与运作机制研究——以北京绿富隆合作社为例 [J]. 农业经济问题, 2013 (1).

[42] 高群, 宋长鸣. 美国生猪价格突变识别及对我国的启示 [J]. 国际经贸探索, 2015 (5).

[43] 韩丹, 慕静. 基于大数据的食品安全风险分析研究 [J]. 食品工业科技, 2016 (13).

[44] 胡忠良, 张学海. 中国猪肉产业链价格波动的非对称传递研究 [J]. 贵州财经大学学报, 2014 (5).

[45] 胡向东, 王济民. 中国猪肉价格指数的门限效应及政策分析 [J]. 农业技术经济, 2010 (7).

[46] 胡华平, 李崇光. 农产品垂直价格传递与纵向市场联结 [J]. 农业经济问题, 2010 (1).

[47] 黄泽颖, 王济民. 高致病性禽流感对我国肉鸡产业的影响 [J]. 中国农业科技导报, 2016 (1).

[48] 胡冰川，徐枫，董晓霞．国际农产品价格波动因素分析——基于时间序列的经济计量模型 [J]．中国农村经济，2009（7）．

[49] 黄锋，赵春江，彭程，吴华瑞．农产品价格波动时期的空间自相关性分析 [J]．计算机工程与设计，2016（1）．

[50] 胡小桃，赵玉龙．我国农产品价格波动的空间特征及其影响因素——基于 2002~2013 年省级面板数据 [J]．商业经济研究，2016（18）．

[51] 淮建军，刘金昌．中国农产品价格波动分析：价格粘性的视角 [J]．农村经济，2016（3）．

[52] 霍良安，蒋杰辉，赵玉苹，陈彬彬．突发事件下回馈与惩罚契约协调的风险厌恶闭环供应链研究 [J]．计算机应用研究，2017（1）．

[53] 何嗣江，汤钟尧．订单农业发展与金融工具创新 [J]．金融研究，2005（4）．

[54] 韩杨，曹斌，陈建先，毛中根．中国消费者对食品质量安全信息需求差异分析——来自 1573 个消费者的数据检验 [J]．中国软科学，2014（2）．

[55] 靳明（b），赵敏，杨波，张英．食品安全事件影响下的消费替代意愿分析——以肯德基食品安全事件为例 [J]．中国农村经济，2015（12）．

[56] 靳明，杨波，赵敏．食品安全事件对我国乳制品产业的冲击影响与恢复研究——以"三聚氰胺"等事件为例 [J]．商业经济与管理，2015（12）．

[57] 靳明，杨波，赵敏，章鑫鑫．食品安全事件的溢出效应与消费替代行为研究——以乳制品系列安全事件为例 [J]．财经论丛，2015（12）．

[58] 江六一，丁家云，周正平．我国猪肉价格波动规律及调控对策研究——基于 H-P 滤波法的实证分析 [J]．经济问题探索，2014（9）．

[59] 姜松，王钊．农民专业合作社、联合经营与农业经济增长——中国经验证据实证 [J]．财贸研究，2013（3）．

[60] 厉曙光，陈莉莉，陈波．我国 2004~2012 年媒体曝光食品安全事件分析 [J]．中国食品学报，2014（3）．

[61] 李玉峰，刘敏，平瑛．食品安全事件后消费者购买意向波动研究：基于恐惧管理双重防御的视角 [J]．管理评论，2015（6）．

[62] 吕世翔，陈凯新，李家磊，等．国内典型食品安全案例归类分析及对策 [J]．中国食物与营养，2012（11）．

[63] 李清光，吴林海，王晓莉．中国食品安全事件研究进展 [J]．食品工业，2016（11）．

［64］雷木丁，赵坚，蔡岩喊，等．德宏州近年来动物疫病流行趋势与防控对策［J］．畜禽业，2016（12）．

［65］李燕凌，车卉．农村突发性公共危机演化机理及演变时间节点研究——以重大动物疫情公共危机为例［J］．农业经济问题，2015（7）．

［66］李亮，浦华．经济评估在动物卫生风险分析的应用与启示［J］．世界农业，2011（3）．

［67］刘春腊，马丽，刘卫东．洪水灾害社会经济损失评估方法研究述评［J］．灾害学，2014（2）．

［68］李正辉，徐亚丽．农产品价格波动的非对称性研究［J］．湖南大学学报（社会科学版），2014（1）．

［69］刘明月，陆迁．突发性疫情事件对新疆鸡蛋价格波动的随机冲击效应研究［J］．中国软科学，2013（11）．

［70］刘明月，张淑霞．禽流感疫情事件对新疆鸡蛋价格的冲击效应分析［J］．统计与决策，2014（15）．

［71］刘明月，陆迁．禽流感疫情冲击下疫区养殖户生产恢复行为研究——以宁夏中卫沙坡区为例［J］．农业经济问题，2016（5）．

［72］刘明月，陆迁．禽流感疫情冲击下疫区养殖户生产恢复行为研究——以宁夏中卫沙坡区为例［J］．农业经济问题，2016（6）．

［73］李文瑛，宋长鸣．价格波动背景下生猪产业链利益分配格局——基于两种养殖模式产业链的调研［J］．华中农业大学学报（社会科学版），2017（2）．

［74］李志萌，杨志诚．生猪价格波动规律的形成机理与调控对策［J］．农林经济管理学报，2016（6）．

［75］刘婷婷，应瑞瑶．禽流感风险、空间异质性与中国养禽农户养殖恢复行为研究［J］．农业现代化研究，2018（1）．

［76］李清光，李勇强，牛亮云，等．中国食品安全事件空间分布特点与变化趋势［J］．经济地理，2016（3）．

［77］刘淼．食品召回制度的法经济学分析——从效率的角度［J］．江苏社会科学，2011（1）．

［78］雷勋平，邱广华，唐润．基于演化博弈的食品监管研究［J］．黑龙江畜牧兽医，2016（1）．

［79］雷勋平，邱广华．基于前景理论的食品行业行为监管演化博弈分析［J］．系统工程，2016（2）．

［80］廖卫东，汪亚峰．对我国食品安全社会治理的探讨［J］．理论与

改革, 2015 (2).

[81] 李子, 戴秀强. 论食品安全第三方平台监管 [J]. 西南民族大学学报, 2017 (9).

[82] 李桂芹, 王丽丽. 蔬菜全产业链价格传递机制研究 [J]. 农业经济问题, 2012 (11).

[83] 李圣军, 李素芳, 孔祥智. 农业产业链条价格传递机制的实证分析 [J]. 技术经济, 2010 (1).

[84] 刘芳, 王琛, 何忠伟. 果蔬产品产销间价格传导机制研究 [J]. 农业技术经济, 2012 (1).

[85] 刘刚. 鲜活农产品流通模式演变动力机制及创新 [J]. 中国流通经济, 2014 (1).

[86] 刘克非, 李志翠. 农产品和工业品价格传导机制实证研究 [J]. 价格理论与实践, 2013 (11).

[87] 刘媛媛, 曾寅初. 风险沟通、政府信息信任与消费者购买恢复——基于三聚氰胺事件消费者调查 [J]. 北京社会科学, 2014 (3).

[88] 罗锋. 外部冲击对我国农产品价格波动的影响——基于 SVAR 模型的实证研究 [J]. 农业技术经济, 2011 (10).

[89] 刘导波, 严玉珊. 基于多视角的我国农产品价格波动分析 [J]. 求索, 2016 (7).

[90] 罗贤慧, 廖康礼. 农产品价格的变动趋势和特征研究——兼评《农产品价格波动与调控机制研究》[J]. 农业经济问题, 2016 (6).

[91] 刘瑶. 我国农产品价格波动机制研究——基于 SVAR 模型 [J]. 山东社会科学, 2017 (4).

[92] 卢大安. 大数据挖掘在食品安全风险预警领域的应用 [J]. 食品安全导刊, 2019 (36).

[93] 刘春鹏, 肖海峰. 外部冲击对我国肉类价格的影响——基于 SVAR 模型的实证分析 [J]. 中国农业大学学报, 2019 (5).

[94] 刘金全, 张菀庭, 邓创. 中国农产品价格的异质性特征和分类调控 [J]. 南京农业大学学报 (社会科学版), 2019 (1).

[95] 刘凤芹. 不完全合约与履约障碍——以订单农业为例 [J]. 经济研究, 2003 (4).

[96] 刘彦平, 王芃. 我国"农超对接"模式的发展现状及影响因素分析 [J]. 现代管理科学, 2018 (4).

[97] 郎宇, 王桂霞, 吴佩蓉. 非洲猪瘟对我国生猪产业链的影响及防

控对策 [J]. 家畜生态学报, 2020 (1).

[98] 罗旭芳. 非洲猪瘟常态化下如何加快构建生猪产业链 [J]. 兽医导刊, 2019 (11).

[99] 莫鸣, 安玉发, 何忠伟. 超市食品安全的关键监管点与控制对策——基于 359 个超市食品安全事件的分析 [J]. 财经理论与实践, 2014 (1).

[100] 毛学峰, 曾寅初. 基于时间序列分解的生猪价格周期识别 [J]. 中国农村经济, 2008 (12).

[101] 毛学峰, 曾寅初. 中国农产品价格政策干预的边界确定——基于产品属性与价格变动特征的分析 [J]. 江汉论坛, 2014 (11).

[102] 马龙, 刘澜飚. 货币供给冲击是影响我国农产品价格上涨的重要原因吗 [J]. 经济学动态, 2010 (9).

[103] 马宇彤, 韩青. 食品安全事件应急措施下消费者风险感知与购买行为的关系 [J]. 经济师, 2016 (5).

[104] 满明俊. 我国农产品价格波动的原因及对策 [J]. 安徽农业科学, 2012 (10).

[105] 莫小春. 食品召回监管机制践行现状改善 [J]. 人民论坛, 2014 (8).

[106] 聂赟彬, 乔娟. 非洲猪瘟发生对我国生猪产业发展的影响 [J]. 中国农业科技导报, 2019 (1).

[107] 宁攸凉, 乔娟, 宁泽逵. 中国生猪产业链价格传导机制研究 [J]. 统计与决策, 2012 (10).

[108] 浦华. 养殖户的合作防疫行为研究: 基于辽宁山东两省的调研数据 [J]. 中国兽医杂志, 2014 (12).

[109] 潘方卉, 李翠霞. 生猪产销价格传导机制: 门限效应与市场势力 [J]. 中国农村经济, 2015 (5).

[110] 浦徐进, 吴亚, 路璐, 蒋力. 企业生产行为和官员监管行为的演化博弈模型及仿真分析 [J]. 中国管理科学, 2013 (11).

[111] 彭代彦, 郭更臣, 颜军梅. 中国农业生产资料价格上涨原因的变结构协整分析 [J]. 中国农村经济, 2013 (6).

[112] 全新华. 从餐饮食品安全事件看餐饮食品安全风险防控要点 [J]. 食品安全导刊, 2015 (30).

[113] 钱淼, 李中华, 王伟. 农民专业合作社对渠道权力结构的影响研究 [J]. 农业经济, 2014 (8).

[114] 戎素云，郭广辉. 食品安全事件的经济学解读及其制度改进启示——对"草莓农药残留超标"事件的分析 [J]. 河北经贸大学学报，2017（1）.

[115] 任劼，孔荣. 国际原油价格变动对我国农产品价格波动的影响 [J]. 西北农林科技大学学报（社会科学版），2015（1）.

[116] 任建超. 中央与地方政府食品安全监管演化博弈及仿真研究 [J]. 哈尔滨工业大学学报（社会科学版），2017（4）.

[117] 孙秀玲，宗成华，乔娟. 中国农产品价格传导机理与政策——基于生猪产业的分析 [J]. 经济问题，2016（1）.

[118] 宋长鸣. 非线性非均衡蛛网模型框架下猪肉价格循环波动研究——基于可变参数模型的实证 [J]. 华中农业大学学报（社会科学版），2016（6）.

[119] 孙春伟. 食品安全风险指数的指标体系探析 [J]. 江苏农业科学，2014（3）.

[120] 孙瑞. 我国奶制品质量安全问题的经济学分析 [J]. 商，2016（13）.

[121] 涂凌. 成都市动物防疫体系中的问题与对策研究 [J]. 成都：西南财经大学，2014.

[122] 童万敏，潘焕学. 我国农产品价格波动与价格预期关系研究 [J]. 价格理论与实践，2014（5）.

[123] 谭砚文，关建波. 宏观经济因素、消费需求、市场信息与棉花市场价格波动 [J]. 农业技术经济，2013（8）.

[124] 唐江桥. 中国鸡蛋价格波动周期识别与短期预测 [J]. 中国畜牧杂志，2017（5）.

[125] 唐晓纯，张吟，齐思媛，许建军. 国内外食品召回数据分析与比较研究 [J]. 食品科学，2011（17）.

[126] 唐晓纯，许建军，孙学安，刘萍，夏亚涛. 中国食品召回数据分析与消费者认知研究 [J]. 食品工业科技，2012（6）.

[127] 谭莹，王绪宁. 非洲猪瘟对广东省猪肉价格波动的影响研究 [J]. 中国猪业，2020（2）.

[128] 陶炜煜. 近年来中国生猪价格周期性波动分析与展望 [J]. 农业展望，2018（11）.

[129] 王二朋. FDA应对食品安全事件的流程与风险交流措施 [J]. 世界农业，2016（5）.

[130] 王洛忠, 秦颖. 公共危机治理的跨部门协同机制研究 [J]. 科学社会主义, 2012 (5).

[131] 王晓川, 熊妮. 突发性公共危机中的信息博弈分析 [J]. 天府新论, 2007 (3).

[132] 王明利, 李威夷. 生猪价格的趋势周期分解和随机冲击效应测定 [J]. 农业技术经济, 2010 (12).

[133] 吴登生, 李建平, 汤铃, 等. 生猪价格波动特征及影响事件的混合分析模型与实证 [J]. 系统工程理论与实践, 2011 (11).

[134] 吴忠和, 陈宏, 梁翠莲. 时间约束下不对称信息鲜活农产品供应链应对突发事件协调模型 [J]. 中国管理科学, 2015 (6).

[135] 王宗玉. 论我国食品召回制度的改革及完善 [J]. 法学家, 2009 (3).

[136] 王海燕, 陈欣, 于荣. 质量链协同视角下的食品安全控制与治理研究 [J]. 管理评论, 2016 (11).

[137] 万俊毅, 罗必良. 风险甄别、影响因素、网络控制与农产品质量前景 [J]. 改革, 2011 (9).

[138] 晚春东, 余剑, 晚国泽. 基于 ISM 技术的食品供应链质量安全风险传导动因分析 [J]. 科技管理研究, 2016 (18).

[139] 文晓巍, 杨朝慧. 食品企业质量安全风险控制行为的影响因素: 以动机理论为视角 [J]. 改革, 2018 (4).

[140] 王志涛, 梁译丹. 交易成本、风险交流与食品安全的治理机制 [J]. 科技管理研究, 2014 (24).

[141] 王志霞. 食品安全监督管理中存在的问题及其对策 [J]. 食品安全导刊, 2020 (6).

[142] 王建华, 刘茁, 朱淀. 生猪供应链生产环节安全风险识别与防控路径研究 [J]. 中国人口·资源与环境, 2017 (12).

[143] 温禄云, 陈少杰, 张斌. 智慧天津中第三方食品检测机构的发展探索 [J]. 食品研究与开发, 2014 (18).

[144] 王冀宁, 潘志颖. 利益均衡演化和社会信任视角的食品安全监管研究 [J]. 求索, 2011 (62).

[145] 晚春东, 秦志兵, 丁志刚. 消费替代、政府监管与食品质量安全风险分析 [J]. 中国软科学科技与社会, 2017 (1).

[146] 王晶晶, 钱小平, 陈永福. 我国生猪产业链价格传递的非对称性研究——基于门限误差修正模型的实证分析 [J]. 农业技术经济, 2014 (2).

［147］文春玲，陈红华，田志宏. 我国农产品价格与国际市场关联性研究［J］. 价格理论与实践，2014（3）.

［148］温涛，王小华. 货币政策对中国农产品价格波动的冲击效应研究［J］. 当代经济科学，2014（6）.

［149］文宇. 基于日本经验完善中国农产品流通渠道的途径［J］. 世界农业，2014（8）.

［150］吴崇宇，孙飞. 我国生产环节与消费环节价格传导机制的再考察［J］. 河北经贸大学学报，2015（1）.

［151］王慧敏，乔娟. "瘦肉精"事件对生猪产业相关利益主体的影响及对策探讨［J］. 中国畜牧杂志，2011（8）.

［152］王波. 农业经济合作组织、农产品价格与市场结构［J］. 贵州社会科学，2016（7）.

［153］谢康，杨楠堃，陈原，刘意. 行业协会参与食品安全社会共治的条件和策略［J］. 宏观质量研究，2016（2）.

［154］谢康，肖静华. 食品安全、社会系统失灵与公共政策——兼论产业政策、腐败与雾霾治理［J］. 北京交通大学学报（社会科学版），2017（1）.

［155］徐磊，张岣，宋淑婷，陈余，贾亚雄. 家禽产业风险认知及决策行为分析——基于北京市农户的调查［J］. 中国农业大学学报，2012（3）.

［156］许秀川，邓逸尘. 理性预期与猪肉价格均衡：ARDL 模型实证［J］. 价格理论与实践，2016（1）.

［157］夏结来，姚晨，张高魁. 广东省 SARS 疫情发展的分段室模型分析［J］. 中国卫生统计，2003（3）.

［158］辛翔飞，王祖力，王济民. 我国肉鸡供给反应实证研究——基于 Nerlove 模型和省级动态面板数据［J］. 农林经济管理学报，2017（1）.

［159］许竹青，郑风田，陈洁. "数字鸿沟"还是"信息红利"？信息的有效供给与农民的销售价格——一个微观角度的实证研究［J］. 经济学（季刊），2013（4）.

［160］夏承遗，刘忠信，陈增强，袁著祉. 动态网络中基于 SIS 模型疾病传播的建模与仿真研究［J］. 系统仿真学报，2009（15）.

［161］徐明凡，刘合光. 关于我国鸡蛋价格的预测及分析［J］. 统计与决策，2014（6）.

［162］徐芬，陈红华. 基于食品召回成本模型的可追溯体系对食品召回成本的影响［J］. 中国农业大学学报，2014（2）.

[163] 许民利, 王俏, 欧阳林寒. 食品供应链中质量投入的演化博弈分析 [J]. 中国管理科学, 2015 (5).

[164] 许世卫, 李哲敏, 董晓霞, 李干琼. 农产品价格传导机制研究的集成模型——链合模型 [J]. 中国物价, 2012 (1).

[165] 杨雪美, 王晓翌, 李鸿敏. 供应链视角下我国突发食品安全事件风险评价 [J]. 食品科学, 2017 (19).

[166] 杨一涵. 食品安全事件应急管理机制探讨 [J]. 食品安全导刊, 2016 (2X).

[167] 杨朝英, 徐学英. 中国生猪与猪肉价格的非对称传递研究 [J]. 农业技术经济, 2011 (9).

[168] 于爱芝, 郑少华. 我国猪肉产业链价格的非对称传递研究 [J]. 农业技术经济, 2013 (9).

[169] 于爱芝, 杨敏. 农产品价格波动非对称传递研究的回顾与展望 [J]. 华中农业大学学报 (社会科学版), 2018 (3).

[170] 于长雷, 赵红. 重大网络突发事件对房地产市场的影响研究 [J]. 管理评论, 2016 (8).

[171] 于乐荣, 李小云, 汪力斌, 郑红娥. 禽流感发生对家禽养殖农户的经济影响评估——基于两期面板数据的分析 [J]. 中国农村经济, 2009 (7).

[172] 于杨曜, 迟翔宇. 社会共治: 培育第三方食品安检机构的法律思考 [J]. 食品工业, 2016 (11).

[173] 阎豫桂. 实施农产品目标价格政策的国际经验及对我国的启示 [J]. 价格理论与实践, 2014 (9).

[174] 杨军, 黄季焜, 李明, 尚强. 我国货币供应量对农产品价格影响分析及政策建议 [J]. 农村金融研究, 2011 (12).

[175] 于冷, 吕新业. 大宗农产品价格调控的目标与措施研究 [J]. 农业经济问题, 2012 (9).

[176] 于海龙, 武舜臣, 张振. 供应链视角下鲜活农产品流通模式比较——兼论环节多、链条长的流通难题 [J]. 农村经济, 2020 (2).

[177] 杨艳涛, 丁琪, 王国刚. 全球疫情下我国玉米供应链体系的风险问题与对策 [J]. 经济纵横, 2020 (5).

[178] 袁闯, 李松龄. 基于 VAR 的我国产业间价格传导实证分析 [J]. 财经理论与实践, 2009 (4).

[179] 余星, 张卫国, 刘勇军. 基于相对浮动价和政府补贴的订单农

业协调机制研究 [J/OL]. 管理工程报, 2020.

[180] 叶金珠, 陈倬. 食品安全突发事件及其社会影响——基于耦合协调度模型的研究 [J]. 统计与信息论坛, 2017, 32 (12).

[181] 虞华. 生猪价格缘何"旺季不旺" [J]. 今日畜牧兽医, 2014 (3).

[182] 杨薇, 成艾华. 初级农产品直销经营的优势、不足及建议——以湖北蔬果茂农产品专业合作社联合社为例 [J]. 科技创业月刊, 2015, 28 (20).

[183] 杨群义, 杜东方. "农社对接": 合作社产品进社区的新渠道 [J]. 中国农民合作社, 2012 (12).

[184] 张红霞, 安玉发. 食品生产企业食品安全风险来源及防范策略——基于食品安全事件的内容分析 [J]. 经济问题, 2013 (5).

[185] 张红霞, 安玉发, 张文胜. 我国食品安全风险识别、评估与管理——基于食品安全事件的实证分析 [J]. 经济问题探索, 2013 (6).

[186] 周晓唯, 张波. 经济学视角下治理食品安全问题的对策 [J]. 商业研究, 2011 (1).

[187] 张智华. 产业链视角下农产品价格形成机制和调控机制研究: 评《农产品价格之谜: 农业产业链价格传导及调控机制》 [J]. 农业经济问题, 2016 (4).

[188] 周蓓, 陈安, 林驭寒, 等. 食品安全事件机理分析及应对机制设计 [J]. 科技促进发展, 2013 (3).

[189] 张立中, 潘建伟. 农产品价格波动与调控机制研究 [J]. 北京: 人民口报出版社, 2016.

[190] 周福娴. 农村饲养生猪防疫应注意的若干问题 [J]. 中国畜禽种业, 2015 (10).

[191] 张喜才, 张利庠, 卞秋实. 外部冲击对生猪产业链价格波动的影响及调控机制研究 [J]. 农业技术经济, 2012 (7).

[192] 周海文, 王劲松, 王锐, 周向阳. 外部冲击对肉产品价格的影响——以疫病为例 [J]. 世界农业, 2014 (11).

[193] 赵瑾, 李莉, 郭利京. 外界冲击对猪肉价格波动的非对称性影响 [J]. 江苏农业科学, 2017 (18).

[194] 张莉琴, 康小玮, 林万龙. 高致病性禽流感疫情防制措施造成的养殖户损失及政府补偿分析 [J]. 农业经济问题, 2009 (12).

[195] 张淑霞, 陆迁. 禽流感暴发造成的养殖户经济损失评价及补偿

政策分析 [J]. 山东农业大学学报 (社会科学版), 2013 (1).

[196] 张淑霞, 陆迁. 禽流感暴发造成的养殖户经济损失评价及补偿政策分析 [J]. 山东农业大学学报 (社会科学版), 2018 (1).

[197] 钟加坤. 十年来湖南猪肉价格变动特征及对 CPI 影响分析 [J]. 武汉金融, 2011 (10).

[198] 周祥军. 信息冲击与果蔬类农产品价格波动关系的实证研究 [J]. 沈阳大学学报 (社会科学版), 2014 (6).

[199] 张跃胜. 突发事件对国际石油期货价格波动的时间记忆性分析——基于 PPM 模型和 Hurst 指数分析 [J]. 统计与信息论坛, 2016 (8).

[200] 赵姜, 吴敬学, 杨巍, 王志丹. 我国鲜活农产品价格波动特征与调控政策建议 [J]. 中国软科学, 2013 (5).

[201] 朱信凯, 韩磊, 曾晨晨. 信息与农产品价格波动: 基于 EGARCH 模型的分析 [J]. 管理世界, 2012 (11).

[202] 张立军, 王晓红, 李永立. 基于 SVAR 模型的中国货币政策与股票价格波动交互影响研究 [J]. 管理评论, 2013 (10).

[203] 赵玉, 张玉. 美国量化宽松政策冲击下国际能源价格波动与传导研究 [J]. 资源科学, 2014 (8).

[204] 赵玉. 禽流感疫情对养殖业的冲击与政府应对 [J]. 农业现代化研究, 2015 (2).

[205] 周力, 刘常瑜. 禽流感风险下肉鸡产业价格纵横传导研究 [J]. 统计与决策, 2016 (17).

[206] 张雄. 食品安全问题: 揭发或模仿的影响因素研究 [J]. 财经论丛: 浙江财经学院学报, 2016 (3).

[207] 张跃胜. 突发事件对国际石油期货价格波动的时间记忆性分析——基于 PPM 模型和 Hurst 指数分析 [J]. 统计与信息论坛, 2016 (8).

[208] 张利庠, 张喜才. 外部冲击对我国农产品价格波动的影响研究——基于农业产业链视角 [J]. 管理世界, 2011 (1).

[209] 赵小峰, 陈宗兴, 霍学喜. 中国农产品价格波动机理探索 [J]. 西北农林科技大学学报 (社会科学版), 2015 (5).

[210] 张蓓. 美国食品召回的现状、特征与机制——以 1995~2014 年 1217 例肉类和家禽产品召回事件为例 [J]. 中国农村经济, 2015 (11).

[211] 张肇中, 张莹. 基于事件研究法的食品药品召回冲击及其影响因素分析 [J]. 财经论丛, 2018 (2).

[212] 卓越, 于湃. 构建食品安全监管风险评估体系的思考 [J]. 江

苏行政学院学报，2013（2）.

［213］邹思，王婵. 我国猪肉食品安全风险分布特征：食品安全事件的视角［J］. 经贸实践，2016（4）.

［214］张曼，唐晓纯，普蓂喆，张璟，郑风田. 食品安全社会共治：企业、政府与第三方监管力量［J］. 食品科学，2014（13）.

［215］赵学涛. 推进第三方食品检验机构市场化发展的应对性思考［J］. 食品研究与开发，2015（8）.

［216］张昊. 我国第三方食品检验检测机构发展路径研究［J］. 食品研究与开发，2016（21）.

［217］张汉江，肖伟，葛伟娜，张海伦. 有害物质在食品供应链中传播机制的混合策略静态博弈模型［J］. 系统工程，2008（1）.

［218］张国兴，高晚霞，管欣. 基于第三方监督的食品安全监管演化博弈模型［J］. 系统工程学报，2015（2）.

［219］左伟. 基于食品安全的企业、监管部门动态博弈分析［J］. 华南农业大学学报，2009（8）.

［220］朱俊奇，邹长青. 我国第三方食品安全监管探析［J］. 学术探索，2013（9）.

［221］张莉琴，康小玮，林万龙. 高致病性禽流感疫情防制措施造成的养殖户损失及政府补偿分析［J］. 农业经济问题，2009（12）.

［222］张义博，蓝海涛，涂圣伟. 我国重要农产品价格调控政策评价及对策建议［J］. 农业经济与管理，2013（5）.

［223］张义博. 外向型农产品价格波动特征及其影响因素研究［J］. 财经问题研究，2016（1）.

［224］赵晓飞，李崇光. 农产品流通渠道变革：演进规律、动力机制与发展趋势［J］. 管理世界，2012（3）.

［225］郑少华，赵少钦. 农产品价格垂直传递的非对称问题研究［J］. 价格理论与实践，2012（9）.

［226］周金城，陈乐一. 我国生猪价格与玉米价格的动态传导关系研究［J］. 价格理论与实践，2014（1）.

［227］周应恒，马仁磊，王二朋. 消费者食品安全风险感知与恢复购买行为差异研究——以南京市乳制品消费为例［J］. 南京农业大学学报（社会科学版），2014（1）.

［228］张兵兵，朱晶. 国际能源价格如何拨动了国内农产品价格波动的弦？——基于CF滤波分析方法的经验分析［J］. 经济问题探索，2016（11）.

［229］钟甫宁，向晶. 城镇化对粮食需求的影响——基于热量消费视角的分析［J］. 农业技术经济，2012（1）.

［230］张敏，苗润莲，卢凤君，李梅，胥彦玲. 基于产业链升级的京津冀农业协作模式探析［J］. 农业现代化研究，2015（3）.

［231］周锦，许月艳，李崇光. 食品安全事件发生对畜禽产品价格波动的影响机理与实证［J］. 农业现代化研究，2019（2）.

［232］赵大伟，景爱萍，陈建梅. 中国农产品流通渠道变革动力机制与政策导向［J］. 农业经济问题，2019（1）.

［233］郑玲. 鲜活农产品价格波动传导非对称性研究［J］. 商业经济研究，2019（3）.

［234］张晓瑜，张桂芳，徐进杰，张甜甜. 大数据背景下的食品安全风险预警机制研究［J］. 现代食品，2019（24）.

［235］张海峰. 2019年生猪市场主要特征及2020年趋势［J］. 中国猪业，2020（2）.

［236］张颖娴. 中国鸡蛋价格与肉类价格动态关联分析［J］. 农业与技术，2020（8）.

［237］张永喆. 基于随机需求的农产品召回供应链成本分担合约及努力策略研究［J］. 甘肃科技，2020（2）.

［238］张居舟. 新时期食品检验检测体系现况与对策分析［J］. 上海预防医学，2019（6）.

［239］张敏，姚萍. 基于ROST模型中国订单农业发展演进特征研究［J］. 物流工程与管理，2020，42（3）.

［240］张博. 非洲猪瘟研究现状［J］. 动物医学进展，2018（12）.

［241］招商证券. 我国非洲猪瘟防控措施及周期格局影响分析［J］. 北方牧业，2018（20）.

［242］张剑波，刘翌阳，陶炜煜，孟阳. 近10年中国生猪产业回顾与未来展望［J］. 农业展望，2018（1）.

二、英文文献

［1］Aithal R, Vaswani L. Distribution Channel Structure in Rural Areas: A Framework and Hypotheses［J］. Decision, 2005, 32（1）: 191 – 206.

［2］Anthony N, Reziti I. Threshold Cointegration in the Greek Milk Market［J］. Journal of Internation Food and Agribusiness Marketing, 2011, 23: 231 – 246.

［3］ Attavanich W, Mccarl B, Bessler D. The Effect of H1N1 (Swine Flu) Media Coverage on Agricultural Commodity Markets ［J］. Applied Economic Perspectives and Policy, 2011, 33 (2): 28 - 36.

［4］ Attavanich W, Mccarl B, Bessler D. The Effect of H1N1 (Swine Flu) Media Coverage on Agricultural Commodity Markets ［J］. Applied Economic Perspectives and Policy, 2011, 33 (2): 241 - 259.

［5］ Angulo A, Gil J. Risk Perception and Consumer Willingness to Pay for Certified Beef in Spain ［J］. Food Quality and Preference, 2007, 18 (8): 1106 - 1117.

［6］ Andersen T, Bollerslev T, Diebold F. Micro Effects of Macro Announcements: Real - Time Price Discovery in Foreign Exchange ［J］. The American Economic Review, 2003, 93 (1): 38 - 62.

［7］ Ansgar B, Christian D. The Transmission of Oil and Food Prices to Consumer Prices ［J］. International Economics and Economic Policy, 2015, 12 (1): 143 - 161.

［8］ Acharya R. Asymmetric Farm - Retail Price Transmission and Market Power: A New Test ［J］. Applied Economics, 2012, 43 (30): 4759 - 4768.

［9］ Abao L, Kono H, Gunarathne A et al. Impact of Foot-and-mouth Disease on Pork and Chicken Prices in Central Luzon, Philippines ［J］. Preventive Veterinary Medicine, 2014, 113 (4): 398 - 406.

［10］ Abdulai A. Using Threshold Cointegration to Estimate Asymmetric Price Transmission in the Swiss Pork Market ［J］. Applied Economics, 2002, 34 (6): 679 - 687.

［11］ Assefa T, Meuwissen M, Gardebroek C, Oude Lansink A. Price and Volatility Transmission and Market Power in the German Fresh Pork Supply Chain ［J］. Journal of Agricultural Economics, 2017, 68 (3): 861 - 880.

［12］ Arrow K. Uncertainty and the Welfare Economics of Medical Care ［J］. The American Economic Review, 1963, 53 (5): 941 - 973.

［13］ Azzam A, Pagoulatos E. Testing Oligopolistic and Oligopsonistic Behaviour: Anapplication to the US Meat Packing Industry ［J］. Journal of Agricultural Economics, 1990, 41: 362 - 370.

［14］ Arnade C, Calvin L, Kuchler F. Food Safety and Spinach Demand: A Shock Correction Model ［J］. Agricultural & Applied Economics Association's 2009 AAEA & ACCI Joint Annual Meeting, Milwaukee, WI. 2009.

[15] Attrey D. Role of Risk Analysis and Risk Communication in Food Safety Management [J]. Food Safety in the 21st Century, 2017, 4 (15): 57 – 68.

[16] Abac B, Hiroichi K, Anoma G, Promentnia R, Gaerlan Z. Impact of Foot-and-mouth Disease on Pork and Chicken Prices in Central Luzon, Philippines [J]. Preventive Veterinary Medicine, 2014, 113: 398 – 406.

[17] Adämmer P, Bohl M. Speculative Bubbles in Agricultural Prices [J]. The Quarterly Review of Economics and Finance, 2015, 55: 67 – 76.

[18] Baker G. Food Safety and Fear: Factors Affecting Consumer Response to Food Safety Risk [J]. International Food and Agribusiness Management Review, 2003, 6 (1): 1 – 11.

[19] Balduzzi P, Elton E, Green T. Economic News and Bond Prices: Evidence from The U. S Treasury Market [J]. Journal of Financial and Quantitative Analysis, 2001, 36 (4): 523 – 543.

[20] Benavides G. Price Volatility Forecasts for Agricultural Commodities: An Application of Historical Volatility Models, Option Implied and Composite Approaches for Futures Prices of Corn and Wheat [J]. https://papers.ssrn.com/sol3/papers.cfm? abstract_id = 611062.

[21] Byeong – Il A, Hyunok L. Vertical Price Transmission of Perishable Products: The Case of Fresh Fruits in the Western United States [J]. Journal of Agricultural and Resource Economics, 2015, 40 (3): 405 – 424.

[22] Bollerslev T. Generalized Autoregressive Conditional Heteroskedasticity [J]. Journal of Econometrics, 1986, 31 (3): 307 – 327.

[23] Boubaker H, Raza S. A Wavelet Analysis of Mean and Volatility Spillovers between Oil and BRICS Stock Markets [J]. Energy Economics, 2017, 64: 105 – 117.

[24] Brown D, Schrader L. Cholesterol Information and Shell Egg Consumption [J]. American Journal of Agricultural Economics, 1990, 72: 548 – 55.

[25] Bahk G. The Analysis of Food Safety Incidents from 1998 to 2008 in Korea [J]. Journal of Food Hygiene & Safety, 2009, 24 (2): 162 – 168.

[26] Bakhtavoryan R, Capps O, Salin J. The Impact of Food Safety Incidents Across Brands: The Case of the Peter Pan Peanut Butter recall [J]. Journal of Agricultural and Applied Economics, 2014, 46 (4): 559 – 573.

[27] Bakucs L, Ferto I. Marketing Margins and Price Transmission on The Hungarian Pork Meat Market [J]. Agribusiness, 2005, 21 (2): 273 – 286.

［28］Byrne J. Primary Commodity Prices: Co-movements, Common Factors and Fundamental ［J］. Journal of Development Economics, 2010, 1 (3): 16 – 26.

［29］Cope S. Consumer Perceptions of Best Practice in Food Risk Communication and Management: Implications for Risk Analysis Policy ［J］. Food Policy, 2010, 35 (4): 349 – 357.

［30］Chatziprodromidou I, Arvanitidou M, Guitian J, Apostolou T, Vantarakis G, Vantarakis A. Global Avian Influenza Outbreaks 2010 – 2016: A Systematic Review of Their Distribution, Avian Species and Virus Subtype ［J］. Systematic Reviews, 2018, 7 (1): 17.

［31］Carter C, Smith A. Estimating the Market Effect of A Food Scare: The Cast of Genetically Modified Starlink Corn ［J］. The Review of Economics and Statistics, 2007, 89 (3): 522 – 533.

［32］Capps O, Colin – Castillo S, Hernandez M. Do Marketing Margins Change with Food Scares? Examining the Effects of Food Recalls and Disease Outbreaks in the US Red Meat Industry ［J］. Agribusiness, 2013, 29: 426 – 54.

［33］Chern W, Zuo J. Impacts of Fat and Cholesterol Information on Consumer Demand: Application of News Indexes ［J］. Working Paper No. 28321, The Ohio State University, Columbus, OH, 1997.

［34］Costa M, Gounmperis T. Risk Identification in Food Safety: Strategy and Outcomes of the EFSA Emerging Risks Exchange Network (EREN), 2010 – 2014 ［J］. Food Control, 2017, 3 (73): 255 – 264.

［35］Dekker S. The Criminalization of Human Error in Aviation and Healthcare: A Review ［J］. Safety Science, 2011, 49: 121 – 127.

［36］Dakhlaoui I, Aloui C. The Interactive Relationship between the US Economic Policy Uncertainty and BRIC Stock Markets ［J］. International Economics, 2016, 146: 141 – 157.

［37］Dube C, Ribble C, Kelton D. A Review of Network Analysis Terminology and its Application to Foot-and-Mouth Disease Modelling and Policy Development ［J］. Transboudary and emerging diseases, 2009, 4: 73 – 85.

［38］Engle R. Autoregressive Conditional Heteroskedasticity with Estimates of the Variance of U. K. Inflation ［J］. Econometrica, 1982, 7 (50): 987 – 1008.

［39］Gollier C. The Economics of Risk and Time ［J］. Massachusetts:

The MIT Press, 2004.

[40] Ge Y, Wang H, Sung K. Cotton Market Integration and The Impact of China's New Exchange Rate Regime [J]. Agricultural Economics, 2010, 41: 443 –451.

[41] Gilbert C. How to Understand High Food Prices [J]. Agric. Econ, 2010, 61: 398 –425.

[42] Gilbert C, Morgan C. Philosophical Transactions of the Royal Society of London B: Biological Sciences [J]. Food Price Volatility, 2010, 365 (1554): 3023 –3034.

[43] Hans J, Marvin Y, Esmée M. Janssen A holistic Approach to Food Safety Risks: Food Fraud as An Example [J]. Food Research International, 2017, 28 (5): 365 –369.

[44] Hansen BE. Inference When a Nuisance Parameter Is Not Identified Under the Null Hypothesis [J]. Econometrica, 1996, 64 (2): 413 –430.

[45] Hassouneh I, Radwan A, Serra T, Gil JM. Food Scare Crises and Developing Countries: The Impact of Avian Influenza on Vertical Price Transmission in the Egyptian poultry sector [J]. Food policy, 2012, 37 (3): 264 –274.

[46] Hansen B, Seo B. Testing for Two – Regime Threshold Cointegration in Vector Error Correction Models [J]. Journal of Econometrics, 2002, 1 (10): 293 –318.

[47] Hassouneh I, Serra T, Gil J. Price Transmission in The Spanish Bovine Sector: the BSE Effect [J]. Agricultural Economics, 2010 (41): 33 – 42. doi: 10. 1111/j. 1574 –0862. 2009. 00423. x

[48] Hartigan J. Partition Model [J]. Communications in Statistics, 1990, 19 (8): 2745 –2756.

[49] Headey D. Rethinking the Global Food Crisis: The Role of Trade Shocks [J]. Food Policy, 2011, 36 (2): 136 –146.

[50] Jin H J, Kim J. The Effects of the BSE Outbreak on the Security Values of US Agribusiness and Food Processing Firms [J]. Appl. Econ, 2008, 40 (3): 357 –372.

[51] Jonassona E, Filipskib M, Brooksc J, Taylore E. Modeling the Welfare Impacts of Agricultural Policies in Developing Countries [J]. Journal of Policy Modeling, 2014, 36 (1): 63 –82.

[52] Kalogeras N, Pennings J. Consumer Food Safety Risk Attitudes and

Perceptions over Time: The Case of BSE Crisis [C]. European Association of Agricultural Economists, 2008.

[53] Kuruppuarachchi D, Premachandra I. Information Spillover Dynamics of the Energy Futures Market Sector: A Novel Common Factor Approach [J]. Energy Economics, 2016, 57: 277 – 294.

[54] Bunte F, Peerlings J. Asymmetric Price Transmission due to Market Power in The Case of Supply Shocks [J]. Agribusiness, 2003, 19 (1): 19 – 28.

[55] Kabe S, Kanazawa Y. Another View of Impact of BSE Crisis in Japanese Meat Market through The Almost Ideal Demand System Model with Markov Switching [J]. Applied Economics Letters, 2012, 19 (16): 1643 – 1647.

[56] Kendall H, Kaptan G. Drivers of Existing and Emerging Food Safety risks: Expert Opinion Regarding Multiple Impacts [J]. Food Control, 2018, 8 (90): 440 – 458.

[57] Liu Y, Liu F, Zhang J, Gao J. Insights into The Nature of Food Safety Issues in Beijing through Content Analysis of an Internet Database of Food Safety Incidents in China [J]. Food Control, 2015, 51 (5): 206 – 211.

[58] Lee S, Mykland P. Jumps in Financial Markets: A New Nonparametric Test and Jump Dynamics [J]. Review of Financial Studies, 2008, 21 (6): 2535 – 2563.

[59] Lloyd T, McCorriston S, Morgan C, Rayner A. Food scares, Market Power and Price Transmission: The UK BSE Crisis [J]. European Review of Agricultural Economics, 2006, 33 (2): 119 – 147.

[60] Leeming J, Turner P. The BSE Crisis and the Price of Red Meat in the UK [J]. Applied Economics, 2004, 36 (16): 1825 – 1829.

[61] Loschi R, Cruz F. An Analysis of the Influence of Some Prior Specification in the Identification of Change Points Via Product Partition Model [J]. Computational Statistics & Data Analysis, 2002, 39 (4): 477 – 501.

[62] Lohr L. The importance of the Conservation Security Act to Us Competitiveness in Global Organic Markets [J]. Conservation Security Act and International Organic Trade, 2001, 5: 3 – 12.

[63] Marvin H, Bouzembrak Y, Janssen E, Fels – Klerx H, Kleter G. A Holistic Approach to Food Safety Risks: Food Fraud as Example [J]. Food Research International, 2016, 89 (11): 463 – 470.

[64] Moyen N, Ahmed G, Gupta S et al. A Large-scale Study of A Poultry

Trading Network in Bangladesh: Implications for Control and Surveillance of Avian Influenza Viruses [J]. BMC Veterinary Research, 2018, 14 (1): 12.

[65] Mikulsen M, Diduck A. Towards An Integrated Approach to Disaster Management and Food Safety Governance [J]. International Journal of Disaster Risk Reduction, 2016, 3 (15): 116 – 124.

[66] Nelson D. Conditional Heteroskedasticity in Asset Return: A New Approach [J]. Econometrica, 1991, 59 (2): 347 – 370.

[67] Park M, Kim H, Bahk G. The Analysis of Food Safety Incidents in South Korea [J]. Food Control, 81 (11): 196 – 199.

[68] Peng G, Chang M, Fang M, Liao C, Tsai C, Tseng S. Incidents of Major Food Adulteration in Taiwan between 2011 and 2015 [J]. Food Control, 72: 145 – 152.

[69] Peng Y. The Effects of Food Safety Issues Released by We Media on Consumers' Awareness and Purchasing Behavior: A Case Study in China [J]. Food Policy, 2015, 51: 44 – 52.

[70] Pendell D, Lusk T, Marsh K, Coble K, Szmania S. Economic Assessment of Zoonotic Diseases: An Illustrative Study of Rift Valley Fever in the United States [J]. Transboundary and Emerging Diseases, 2016, 63 (2): 203 – 214.

[71] Pozo V, Ted C. Evaluating the Costs of Meat and Poultry Recalls to Food Firms Using Stock Returns [J]. Food Policy, 2016, 59: 66 – 77.

[72] Reeves A, Salman M, Hill A. Approaches for Evaluating Veterinary Epidemiological Models: Verification, Validation and Limitations [J]. Revue Scientific Et Technique-office International Des Epizooties, 2011, 8: 499 – 512.

[73] Rouviere E, Caswell J. From Punishment to Prevention: A French Case Study of the Introduction of Co-regulation in Enforcing Food Safety [J]. Food Policy, 2012, 37 (3): 246 – 254.

[74] Schulz L, Tonsor G. Assessment of the Economic Impacts of Porcine Epidemic Diarrhea Virus in the United States [J]. Journal of Animal Science, 2015, 93 (11): 5111 – 5118.

[75] Streips M. The Problem of the Persistent Hog Price Cycle: A Chaotic Solution [J]. American Journal of Agricultural Economics, 1995, 77 (5): 1397 – 1403.

[76] Serra T. Vertical Price Transmission in the Turkish Poultry Market:

The Avian Influenza Crisis [J]. Applied Economics, 2015, 47 (11): 1106 – 1117.

[77] Sherman J, Weiss A. Price Response, Asymmetric Information and Competition [J]. The Economic Journal, 2015, 125 (589): 2077 – 2115.

[78] Saghaian S, Ozertan G, Spaulding A. Dynamics of Price Transmission in the Presence of A Major Food Safety Shock: Impact of H5N1 Avian Influenza on the Turkish Poultry Sector [J]. Journal of Agricultural and Applied Economics, 2016, 40: 1015 – 1031.

[79] Sanjuan A, Dawson P. Price Transmission, BSE and Strucutral Breaks in the UK Meat Sector [J]. European Review of Agricultural Ecomics, 2003, 30 (2): 155 – 172.

[80] Seok J, Kim G, Reed M, Kim S. The Impact of Avian Influenza on the Korean Egg Market: Who Benefited? [J]. Journal of Policy Modeling, 2018, 40 (1): 151 – 165.

[81] Simelton E. Don't We All Want Good Weather and Cheap Food? [J]. Springer, 2010.

[82] Trujillobarrera A, Garcia P, Mallory M. Price Density Forecasts in the U. S. Hog Markets: Composite Procedures [J]. American Journal of Agricultural Economics, 2016, 98 (5): 1529 – 1544.

[83] Tonsor G, Schroeder T, Pennings J. Factors Impacting Food Safety Risk Perceptions [J]. Journal of Agricultural Economics, 60 (3): 625 – 644.

[84] Thompson J, Pendell D, Boyer T, Patyk K, Malladi S, Weaver J. Economic Impacts of Business Continuity on An Outbreak of Highly Pathogenic Avian Influenza in Minnesota Egg Laying Operations [J]. Journal of Agricultural and Applied Economics, 2019, 51 (2): 235 – 248.

[85] Tong H, Lim K. Threshold Auto-regression, Limit Cycle and Cyclical Data [J]. Journal of the Royal Statistical Society, 42 (3): 245 – 292.

[86] Thompson J. Effects of Regionalized Trade Restrictions on Quantity Exoirted during a Highly Pathogenic Avian Influenza Event [J]. Journal of Agricultural and Applied Economics, 2018: 1 – 20.

[87] Taylor M, Klaiber H, Kuchler F. Changes in U. S. Consumer Response to Food Safety Recalls in the Shadow of A BSE scare [J]. Food Policy, 2016, (5): 56 – 64.

[88] Theodoros K, Eleni Z, Garyfallos A. Asymmetry in Price Transmission

between The Producer and the Consumer Prices in the Wood Sector and the Role of Imports: The case of Greece [J]. Forest Policy and Economics, 2009, 11 (1): 56 – 64.

[89] Unnevehr L, Hoffmann V. Food Safety Management and Regulation: International Experiences and Lessons for China [J]. Journal of Integrative Agriculture, 2015, 14 (11): 2218 – 2230.

[90] Von Croman – Taubadel S. Estimating Asymmetric Price Transmission with Error Corection Representation: an Application to the German Pork Market [J]. European Review of Agricultural Economics, 1998, 25: 1 – 18.

[91] Wondemu F. Price Transmission Asymmetry in Spatial Grain Markets in Ethiopia [J]. African Development Review, 2015, 27 (2): 106 – 116.

[92] Winkler A, Freund M. The Potential for Third Party Standards at Manufacturing and Retail to Reduce the Risk of Listeriosis Arising from Consumption of Listeria Monocytogenes from Ready-to-eat Foods [J]. FoodControl, 2011, 9 (22): 1503 – 1505.

[93] Yang J, Goddard E. Canadian Consumer Responses to BSE with Heterogeneous Risk Perceptions and Risk Attitudes [J]. Canadian J. Agric. Econ, 2011, 59 (4): 493 – 518.

[94] Young L, Hobbs J. Vertical Linkages in Agri-food Supply Chains: Changing Roles for Producers, Commodity Groups and Government Policy [J]. Review of Agricultural Economics, 2002, 24 (2): 428 – 441.

[95] Yu X. Monetary Easing Policy and Long – Run Food Prices: Evidence From China [J]. Economic Modelling, 2014, 40: 175 – 183.

[96] Zhou D, Koemle D. Price Transmission in Hog and Feed Markets of China [J]. Journal of Integrative Agriculture, 2015, 14 (6): 1122 – 1129.

[97] Zhao G, Wu Q. Nonlinear Dynamics of Pork Price in China [J]. Journal of Integrative Agriculture, 2015, 14 (6): 1115 – 1121.

后 记

随着近年来食品安全问题被不断爆出，食品安全成为民众关注的焦点。食品安全事件对产业的发展、市场的稳定产生巨大影响。本研究基于生鲜农产品产业链升级背景，探索食品安全事件对生鲜农产品的价格冲击效应及传导机理，试图解决食品安全事件导致价格过度波动及产业冲击问题。通过分析生鲜农产品价格波动特征，厘定食品安全事件与生鲜农产品价格不同成分的相关关系，考察食品安全事件对不同产业链联结模式的价格冲击效应，分析食品安全事件冲击下市场联结与协作模式变化对生鲜农产品价格波动的传导路径与传导效率的影响，并对价格传递的非对称性进行测度，探究产业链升级对食品安全事件价格波动的影响机理。最后，提出预防和减少食品安全事件冲击的价格稳定政策和协调机制，为政府宏观价格调控政策完善和突发事件应对提供理论和实证支持。

本书得到教育部人文社科基金青年项目（20YJC79010）、扬州大学"青蓝工程"资助，2019 年江苏省社科优青项目资助，扬州大学出版基金资助，扬州市社科联出版基金资助。

感谢在本书写作过程中给予指导、关心、帮助的学者，他们是河南理工大学夏保成教授、刘涛副教授、张晓辉老师、扬州大学陆建飞教授、王佳博士等，研究生侯小鹤、李鹏杰、肖岚同学等参与了本书的编著，对其贡献表示衷心的感谢。感谢扬州大学人文社科处各位领导以及苏中发展研究院各位领导对本项研究的支持。同时还有许多没有提及姓名的学者与研究人员，其学术思想和学术观点令人深受启发，本书也参考和应用了他们的观点，在此表示衷心的感谢。本书的付梓同样离不开经济科学出版社崔新艳老师和工作人员的大力帮助，在此一并致谢。由于时间与学识所限，本书存在诸多不足与需要完善的方面，恳请读者与学界同仁批评指正。

苗珊珊

2020 年 7 月 27 日